# No meio do fogo cruzado

# Larry Dressler

# NO MEIO DO FOGO CRUZADO

Conduza conflitos empresariais com sucesso

TRADUÇÃO
JÚLIO DE ANDRADE FILHO

Título original: *Standing in the Fire*
Copyright © 2010 by Larry Dressler

Publicada e organizada pela Berrett-Koehler Publishers, San Francisco

Todos os direitos reservados. Nenhuma parte desta obra pode ser reproduzida ou transmitida por qualquer forma ou meio eletrônico ou mecânico, inclusive fotocópia, gravação ou sistema de armazenagem e recuperação de informação, sem a permissão escrita do editor.

**Direção editorial**
Soraia Luana Reis

**Editora**
Luciana Paixão

**Editora assistente**
Deborah Quintal

**Assistente editorial**
Elisa Martins

**Preparação de texto**
Berenice Baeder

**Revisão**
Albertina Piva

**Capa, criação e produção gráfica**
Thiago Sousa

**Assistentes de criação**
Marcos Gubiotti
Juliana Ida

Imagem de capa: Compassionate Eye Foundation/Rob Daly/Getty Images

**CIP-Brasil. Catalogação na fonte**
**Sindicato Nacional dos Editores de Livros, RJ**

D829n     Dressler, Larry, 1961-
            No meio do fogo cruzado / Larry Dressler ; tradução Júlio de Andrade Filho.

            Tradução de: Standing in the fire
            ISBN 978-85-7927-086-4

            1. Conflitos - Administração. 2. Solução de problemas. 3. Mediação. 4. Relações humanas. 5. Administração. I. Título.

10-1367.
CDD 658.405
CDU 005.574

Direitos de edição para o Brasil: Editora Prumo Ltda.
Rua Júlio Diniz, 56 – 5º andar – São Paulo/SP – CEP: 04547-090
Tel.: (11) 3729-0244 – Fax: (11) 3045-4100
E-mail: contato@editoraprumo.com.br
Site: www.editoraprumo.com.br

A meu pai, Harold Wasserman Dressler, e meu primo, Sidney Wasserman – anciãos vigorosos que possuíam clareza de convicções, inteligência prática e um coração aberto ao mundo, tudo a serviço da família e da comunidade. Eles mudaram o mundo de cada pessoa cuja vida tocaram.

# SUMÁRIO

Prefácio de Roger Schwarz .................................................. 9
Prólogo ...................................................................... 13

Introdução
O poder do fogo cruzado ..................................................... 21

PARTE 1
O fogo cruzado .............................................................. 27

1 Para o melhor ou para o pior ............................................. 29
2 Somos todos mediadores do fogo cruzado ................................... 47

PARTE 2
Seis maneiras de estar ...................................................... 61

3 Com autoconsciência ...................................................... 65
4 Aqui e agora ............................................................. 85
5 Com a mente aberta ....................................................... 99
6 Saber o que você representa ..............................................117
7 Adaptar-se às surpresas ..................................................137
8 Com compaixão ............................................................153

PARTE 3
Práticas .................................................................... 171

9 Cultive a prontidão diária ............................................... 175

10 Prepare-se para assumir o comando .................................................. 201
11 Enfrente o fogo cruzado ................................................................ 217
12 Reflita e renove ........................................................................... 237

## CONCLUSÃO
ENTRE NO CÍRCULO DE FOGO CRUZADO ............................................ 259

NOTAS ................................................................................................ 263
SUGESTÕES DE LEITURA ......................................................................... 269
AGRADECIMENTOS ................................................................................ 275

# PREFÁCIO

Em 5 de agosto de 1949, em Mann Gulch, Montana, Wagner Dodge entrou para a História ao enfrentar o fogo. Bombeiro veterano, Dodge pulou de paraquedas com a própria equipe em Mann Gulch para combater um incêndio que começara com um raio. Quando eles subiram no C-47 militar em Missoula, o fogo ainda era pouco. Mas às 6h, quando saltaram de paraquedas sobre uma ribanceira, o incêndio florestal estava fora de controle.

Dodge e os homens se agruparam na ravina, onde o rio Missouri e um conjunto de grandes pinheiros os separavam do fogo. A posição em que estavam no terreno dificultava a visão da trilha do incêndio, e só quando o grupo subiu ao cume de um pequeno morro, eles viram que o fogo atravessara a ribanceira e estava a apenas algumas centenas de metros. Dodge gritou para que os homens recuassem e eles começaram a subir os paredões do vale. Mas o fogo movia-se rapidamente atrás deles, e ganhava velocidade. Dodge logo percebeu que ele e os homens morreriam sufocados ou queimados tentando fugir, e então parou de correr.

Controlando o próprio medo diante da morte iminente, Dodge inventou uma solução. Depois de enfrentar enormes labaredas, ele acendeu um anel de fogo em torno de si e criou um pedaço de terra queimada, o qual esperava que as labaredas "pulassem". Ele gritou para que os homens se deitassem ao lado dele naquela porção queimada de terra, mas eles continuaram correndo, porque não o ouviram ou não quiseram ouvir. Treze homens foram atingidos pelo fogo e morreram. Wagner Dodge emergiu do incêndio praticamente incólume.

Nós, que trabalhamos com grupos de pessoas, estamos muitas vezes – figurativa ou literalmente – bem no meio do fogo cruzado. Nossos incêndios começam quando questões desafiadoras irrompem no meio do grupo e misturam-se com o combustível de nossos próprios problemas. Entretanto, as lições daquele incêndio florestal em Montana continuam sendo verdade:

- Nunca se sabe quando um fogo cruzado começará ou quando mudará de direção.

- O que deu certo no passado pode não dar certo no presente. Resistir ao fogo cruzado de maneira bem-sucedida muitas vezes significa inventar novas ferramentas e técnicas.

- O fogo cruzado pode até ser seu amigo, se você souber respeitá-lo e como utilizá-lo.

- Finalmente, resistir ao fogo cruzado diz respeito a desenvolver uma mentalidade – uma nova maneira de pensar e de sentir – que permite manter a calma, a coragem, ser compassivo e flexível. Sem essa mentalidade, você está perdido.

No livro, Larry Dressler dirige uma questão crítica a nós, que auxiliamos grupos de pessoas. Embora sejam importantes técnicas e ferramentas, elas terão pouco valor se nossa capacidade de utilizá-las for minada por nossos pensamentos e sentimentos. Todos enfrentamos problemas que nos deixam menos eficientes na hora de auxiliar os outros a serem mais eficientes. Tais problemas distorcem nossa capacidade de ver as coisas mais claramente e também de agir a serviço do grupo. Alguns de nós, por exemplo, colocam-se na defensiva quando se veem desafiados por pessoas que detêm o poder; já outros ficam com raiva quando as pessoas não assumem as próprias responsabilidades ou não tomam a iniciativa; e ainda há aqueles que buscam tanto a aprovação dos outros que fazem coisas pelo grupo que não deveriam fazer. Eu poderia continuar, mas acredito que já entenderam meu ponto. Durante os últimos 30 anos, auxiliei profissionais de diversas áreas, incluindo a de Recursos Humanos, facilitadores e líderes empresariais, a obter melhores resultados e a construir melhores relacionamentos. Para ajudá-los a alcançar esses resultados, nada foi mais importante do que ajudá-los a enfrentar os pensamentos e sentimentos que prejudicavam a própria eficiência. E tal como meus clientes e colegas, eu também passei por esses problemas, e muitos outros. E ainda aprendo a lidar com eles.

Aprender a ficar no meio do fogo cruzado – e sobreviver – requer um trabalho interno. É uma questão de disciplina, além de uma jornada. O caminho é diferente para cada um de nós, e existe mais de uma maneira para manter a posição de modo eficiente. Só precisamos de um guia que nos auxilie a explorar quando e como perdemos o equilíbrio, que nos auxilie a resgatá-lo e nos auxilie a desenvolver maneiras de nos mostrar aos grupos de forma calma, curiosa, compassiva e corajosa. Esse guia está neste livro.

Realize esse trabalho não apenas para auxiliar os outros, mas também para você. Quando você amplia a capacidade de suportar o fogo cruzado, passa a pensar e a agir com autêntica compaixão pelos outros e por si: você passa menos tempo se preocupando com o que poderia acontecer, com o que acontece ou o que acontecerá, você se sente menos irritado, culpado e decepcionado. Exibe mais energia para fazer seu trabalho, e o aprecia mais. Em resumo, você aumenta a própria saúde mental. Ou seja, este é um presente para você.

Larry é o guia ideal para nos auxiliar nessa jornada. Ele é sem igual. Eu o conheci vários anos atrás, quando apresentava um pequeno *workshop* sobre o tema em uma reunião de mediadores profissionais. Quando entrei na sala, Larry apresentou-se: "Estou realmente feliz por você estar aqui, dou muito valor a seu trabalho e seus livros exercem muita influência em mim. E também sinto-me muito ansioso com sua presença". O que me impressionou em Larry foi a calma e a transparência, além da disposição vulnerável em relação a mim. Nós havíamos nos conhecido havia menos de um minuto e ele já era capaz não apenas de identificar como se sentia em relação a mim como também de articular isso rapidamente, estabelecendo uma relação entre nós. Um pouco mais tarde, percebi que, ao se apresentar, ele praticara o que ensinou a nós durante aquela sessão. Pensei comigo: "Esse é um cara com quem quero aprender". Desde aquele dia, Larry e eu somos colegas, reunindo-nos virtual e regularmente para aprender um com o outro.

Aprender a ficar no meio do fogo cruzado é um trabalho pessoal, e Larry é um guia pessoal. Para nos auxiliar em nossa jornada, ele compartilha a própria jornada conosco. Ele nos mostra como nos desafiar, mostrando como ele se desafia. Larry nos mostra como podemos rir de nós rindo de si. E nos mostra como sermos compassivos conosco ao ser compassivo consigo. Em suma, ele nos auxilia a navegar com segurança por um terreno desafiador para chegar a um lugar melhor. Aproveite a viagem!

Roger Schwarz
Autor de *The Skilled Facilitator*

# PRÓLOGO

Nós, que planejamos e facilitamos reuniões como meio de vida, temos a tendência de ver nosso trabalho em duas dimensões: (1) o *quê* – o conteúdo desses encontros, o que inclui a finalidade, os problemas, os desafios e as possibilidades que fazem mais sentido para as pessoas dos grupos aos quais servimos; e (2) o *como* – as estruturas, os métodos, as técnicas e as habilidades que utilizamos para auxiliar os grupos a mobilizar a própria energia coletiva, os *insights* e a fazê-los assumir um compromisso para entrar em ação. É nessa segunda dimensão que nossa experiência realmente especial entra em jogo. Nossa capacidade de prestar assistência com o *como* das conversas complexas, emocionais e importantes é o que nos torna singularmente úteis no mundo de reuniões de alto risco.

Admitimos ou não, a sabedoria convencional de muitas pessoas que fazem esse tipo de trabalho é *se eu pudesse aprender mais alguns métodos, seria capaz de lidar com qualquer situação de grupo!* E assim investimos tempo e dinheiro em livros, seminários e conferências que se concentram exclusivamente no *como*. Colecionamos ferramentas e métodos como se fossem bolinhas de gude. E mesmo com uma caixa repleta de técnicas, ficamos surpresos quando a confusão de uma reunião leva-nos à sensação de ansiedade, deixa-nos na defensiva e incapazes de pensar com clareza e de valer-nos eficazmente de nosso conhecimento acumulado e de nossas habilidades.

Facilitadores experientes, consultores, ativistas comunitários e líderes organizacionais muitas vezes encontram-se "no meio do fogo cruzado" – trabalhando em situações nas quais os membros do grupo estão polarizados, com raiva, temerosos e confusos. Nesses encontros tão difíceis é muito raro ter uma compreensão mais clara sobre o que é dito ou mesmo saber como utilizar os métodos de intervenção grupal. Nessas situações acaloradas, os agentes de mudança realmente mais habilidosos sacam do bolso outra coisa – algo a que a maioria dos líderes não dedica muito tempo nem esforço. Essa outra coisa é *quem somos* enquanto trabalhamos com o grupo. Ela é a *forma de ser* do mediador – a presença comportamental, emocional, física e mesmo espiritual. É algo que as pessoas vivenciam como uma presença engajada, aberta, autêntica, relaxada e fundada num propósito.

Este livro não traz uma única dica ou técnica sobre o que fazer com as pessoas durante uma reunião na qual a temperatura da sala se eleva. Ele não oferece nenhum tipo de intervenção que conduza um grupo ou os indivíduos de um grupo do ponto A para o ponto B. Ao contrário, o que este livro oferece é um conjunto de princípios e práticas internas e autodirigidas que o permitirão tornar-se uma presença segura e sem ansiedade em situações nas quais muitos podem se sentir inúteis, agitados e confusos.

A premissa do livro é o conhecimento (o *quê*). Os métodos, as técnicas e as intervenções (o *como*) serão tão eficazes quanto *quem* os apresentarem. Por exemplo, se em determinado momento nos apresentamos como uma pessoa ansiosa ou na defensiva, nossas tentativas de servir ao grupo, na melhor das hipóteses, falharão redondamente e, o que é pior, poderão ampliar a aflição do grupo.

O *quem somos* não se refere a carisma ou ao entusiasmo, o que não significa que somos insensíveis à emoção que paira numa sala. Diz respeito, isso sim, a mostrar com integridade quem somos e que selecionamos o tipo de presença que precisamos encarnar de um momento para outro. Este livro trata da possibilidade que cada um de nós tem de aumentar exponencialmente o poder dos métodos e a sabedoria das escolhas, quando temos maior consciência sobre como agimos e como nos comportamos ao enfrentar o calor do fogo cruzado de determinado grupo.

## Quais influências moldaram o meu pensamento?

Desde meus primeiros dias na escola primária, no sul da Califórnia, quando tentava abrir caminho com segurança através dos corredores da escola, dominados por garotos intimidadores e membros de diversas gangues, eu convivia com versões diferentes da seguinte pergunta: *Quais são as qualidades humanas que permitem a alguém oferecer um pouco de paz, clareza e esperança em uma situação cheia de conflito, incerteza e desespero?* Adulto, ganho a vida como consultor de desenvolvimento organizacional e facilitador de processos, o que é em grande parte um veículo para que eu possa explorar essa questão tanto em nível acadêmico quanto em nível pessoal.

As percepções e práticas oferecidas aqui são inspiradas em fontes convencionais e não convencionais, incluindo psicologia, teoria da complexidade, neurobiologia, tradições espirituais orientais e ocidentais, artes e natureza. Toda ideia ou prática presente nestas páginas está aqui por uma razão: mostra-se um trampolim muito útil para oferecer uma contribuição positiva, e até mesmo transformacional, no meio das desafiadoras interações humanas.

## Quem deve ler este livro?

Desde as primeiras sociedades humanas, a ação de liderar sempre envolveu a ação de convocar – reunir diferentes indivíduos para perseguir um propósito em comum. Qualquer que seja sua atividade, facilitador de processos, líder executivo, consultor de desenvolvimento organizacional, mediador, membro do clero, educador, agente de mudança, seu trabalho requer a habilidade de congregar outras pessoas para ajudá-las a descobrir e mobilizar a própria energia e sabedoria compartilhadas. Se a palavra "convocação" descreve uma parte significativa de seu trabalho, este livro foi escrito para você. A capacidade de trazer para a sala uma presença calma, límpida e compassiva é essencial para sua eficácia como mediador, independentemente de seu papel específico ou de seu título.

## O que podemos esperar?

Imagine deleitar-se com as histórias e os *insights* pessoais de quarenta dos mais experientes mediadores que você já conheceu – pessoas que vivem nos cinco continentes e cuja experiência acumulada totaliza mais de novecentos anos! Durante a pesquisa para este livro, minha colega Erica Peng e eu tivemos o prazer de entrevistar um *mix* notável de líderes, mediadores, agentes de mudança e facilitadores, pessoas que conhecem intimamente o fogo cruzado que emerge nos grupos mundiais: a fome global, a Aids, a crise ambiental, a paz e a reconciliação pós-guerra. Os nomes desses professores e amigos estimados, muitos dos quais serão reconhecidos como líderes por direito, aparecem na página de agradecimentos. Você tomará contato com a extrema sabedoria deles nestas páginas.

Larry Dressler

## PARTE 1: O FOGO CRUZADO

Este livro é dividido em três partes. A primeira descreve a natureza do fogo cruzado que emerge nos grupos e o que é necessário para se tornar um agente de mudanças que trabalha em situações de alta temperatura. A introdução destaca as proposições fundamentais e os *insights* do livro, fornecendo uma visão geral do que se segue. No Capítulo 1, "Para o melhor ou para o pior", exploramos a criatividade e o potencial destrutivo da intensidade emocional e da discórdia dentro dos grupos. Ele retrata várias facetas do fogo cruzado que surge nos grupos, e ainda como e por que os agentes de mudança muitas vezes são varridos por um fogo cruzado autoinflingido. No Capítulo 2, "Somos todos mediadores do fogo cruzado", descrevo como as pessoas que fazem a mediação em reuniões podem utilizar a plenitude da própria presença para auxiliar o grupo a manter um espaço claro e intencional para as emoções mais fortes, para os conflitos e para a complexidade das discussões enquanto os membros trabalham para descobrir novas perspectivas e novos pontos em comum.

## PARTE 2: SEIS MANEIRAS DE ESTAR

A segunda parte do livro descreve as *formas de estar* (físicas, mentais e emocionais) que nos permitem ser eficientes mediadores do fogo cruzado. No Capítulo 3, "Com autoconsciência", mostro como nos tornamos observadores qualificados dos próprios pensamentos e emoções, a fim de minimizar as reações defensivas e fazer escolhas de forma deliberada em situações de alta intensidade emocional. O Capítulo 4, "Aqui e agora", oferece um conjunto de capacitações que nos permitem permanecer no momento presente, em vez de deixar-nos prender por arrependimentos do passado ou por previsões sobre o futuro. No Capítulo 5, "Com a mente aberta", examinamos de que maneira podemos manter os pés no chão, alertas e curiosos, mesmo em face de julgamentos impulsivos baseados no que acontece em uma reunião. O Capítulo 6, "Saber o que você representa", trata de como aprender a fundamentar-nos em nossos propósitos, em nossos princípios e em um claro compromisso de colocar-nos a serviço do grupo com o qual trabalhamos. O Capítulo 7, "Adaptar-se às surpresas", explora as qualidades que devemos cultivar em nós para superarmos a necessidade de segurança e controle. Essas são as qualidades que nos permitirão seguir em frente de forma criativa e com flexibilidade, quando eventos inesperados se revelarem nas reuniões que presidirmos. O Capítulo 8, "Com compaixão", descreve de que maneira podemos perder a empatia em relação aos membros do grupo quando agimos de modo reativo, e não proativo. São as qualidades descritas nesse capítulo que nos permitem mostrar um coração mais aberto e com mais dignidade a nós e aos outros.

## PARTE 3: PRÁTICAS

A terceira parte do livro oferece uma ampla variedade de práticas pessoais para nos auxiliar a cultivar as qualidades descritas na Parte 2. O Capítulo 9, "Cultive a prontidão diária", oferece procedimentos que os mediadores e agentes de mudança podem utilizar de forma contínua para desenvolver maior conscientização e para poder fazer escolhas mais ponderadas quando estiverem no meio do fogo cruzado. Já no Capítulo 10, "Prepare-se para assumir o comando", examinaremos o que os mediadores podem fazer antes de uma reunião. Esses procedimentos auxiliam a nos conectar com o espaço físico, nossos sentimentos, nossa intenção e com os participantes da reunião. No Capítulo 11, "Enfrente o fogo cruzado", apresento um conjunto de práticas que podem ser utilizadas durante uma reunião para mudarmos assim que percebemos que o botão de estado emocional foi pressionado durante o encontro. O Capítulo 12, "Reflita e renove", contém procedimentos que podem ser colocados em prática logo após o término do encontro. Esse processo visa promover a aprendizagem contínua, bem como a regeneração mental, emocional, física e espiritual.

Cada capítulo termina com um conjunto de *Questões para reflexão* e os Capítulos de 1 a 8 oferecem um exercício chamado *Tente isto*. Esses exercícios exploratórios foram projetados para levar sua aprendizagem para além da compreensão intelectual e em direção a uma aplicação prática no cotidiano.

Os mediadores de reuniões de alto risco levam muito em conta as paisagens e o cenário desses encontros. Nós desenvolvemos formas de estruturar os processos em grupo. Criamos técnicas para intervenções proveitosas. Muitas vezes operamos como se o que acontece nas salas de reunião fosse a única coisa importante. Mas como escreveu Parker Palmer, "Estamos constantemente envolvidos em um intercâmbio entre o que está 'lá fora' e o que está 'aqui dentro', criando em conjunto a realidade, para o melhor ou para o pior."[1] Este livro trata da próxima fronteira da aprendizagem que o facilitador deve ultrapassar – desenvolver o que está "aqui dentro" para que possa emparelhar-se com o que está "lá fora". O objetivo dessa jornada interior é garantir que o mediador ou líder de uma reunião acalorada, seja ele quem for, traga a plenitude dos recursos pessoais para o infinitamente criativo e, muitas vezes, desafiador, círculo de interação humana.

Espero que este seja um daqueles livros cujas páginas ficam com "orelhas" e repletas de anotações nas margens. Use-o para reafirmar seus dons naturais e explorar suas qualidades pessoais de forma a desenvolvê-las. Enquanto lê, dedique algum tempo para refletir um pouco sobre o que estes ensinamentos podem significar para você e sobre a marca que pretende deixar como líder. E saiba que, ao escrever estas palavras, estou nesta jornada de aprendizagem ao seu lado. O aspecto mais libertador deste livro é que ele não contém uma única dica sobre como mudar alguém. Este é um livro *para* você e *sobre* você.

Larry Dressler

# INTRODUÇÃO
## O poder do fogo cruzado

Você consegue se lembrar do momento de calor mais intenso que já enfrentou ao trabalhar com um grupo? Um dos meus momentos mais memoráveis ocorreu bem no começo de minha carreira, mas me lembro muito bem. Eu tinha uma sócia na consultoria naquela época, Christine, e trabalhávamos com um grupo de agentes da Polícia Federal. Um conflito entre duas divisões da agência viera crescendo por vários meses, e, alguns dias antes de nossa primeira reunião, alguns agentes foram pegos vandalizando o carro de outros, riscando as portas com chaves. As pessoas mal conseguiam se lembrar da origem do conflito, mas os dois lados julgavavam estar com a razão. A divergência assumira vida própria e as coisas eram feitas num moto contínuo de vingança e retaliação. Na primeira reunião, todos chegaram na hora e, à medida que os policiais se sentavam e posicionavam as cadeiras, os assentos tomaram a configuração de dois círculos. A geografia do conflito ficou clara desde o início, e a tensão na sala era palpável. Enquanto esperavam a reunião começar, as pessoas ficavam de pernas e braços cruzados, não eram capazes de olhar para os membros do outro grupo. E quando Catherine e eu estávamos prestes a dar início à reunião, percebemos que todos eles traziam consigo as armas.

Só conseguia pensar, naquele momento, nas vinte e tantas armas portadas por pessoas realmente irritadas umas com as outras. Meu coração batia rápido e senti meu rosto ficar vermelho. Lembro-me de começar a procurar a saída de emergência, só para ter certeza de onde ficava. Eu não sabia o que dizer ou fazer, e a única diferença entre mim e Catherine é que ela parecia mais composta.

## O QUE PODE SE INFLAMAR

Não é preciso estar cercado por armas de fogo para lembrar da própria vulnerabilidade quando se entra numa sala para mediar uma reunião de alto risco. Algumas vezes, basta o levantar cético de sobrancelhas de uma pessoa poderosa presente na sala; outras, a percepção de que o grupo não chegará a nenhum objetivo antes de a reunião terminar. Mas o que pode inflamar uma situação, sob nosso ponto de vista, depende em grande parte de nossos "botões" pessoais de emergência.

Quando esses botões são apertados, dois tipos de energia podem "pegar fogo". Um deles, ligado a um instinto de sobrevivência tão antigo quanto o ser humano, é a *reação de autoproteção*. É uma reação habitual, geralmente carregada de emoção e concebida para nos levar de volta à nossa zona de conforto. O outro tipo de energia só pode ser acessado se nos perguntarmos: *Quem eu quero ser agora?* Essa pergunta inflama a energia da *escolha deliberada e da ação consciente*. Este livro, então, trata de construir nossa capacidade de inflamar a segunda energia, mesmo quando nosso ego e nossos medos tentam nos convencer a fazer de outra maneira.

## O QUE É O QUEM?

Quando olhamos para o calor que emana de uma dinâmica de grupo desafiadora, instintivamente queremos fazer algo.

Tentamos descobrir a intervenção correta que poderia deixar as coisas mais fáceis para o grupo, ou talvez para nós. E entramos em ação com pouca consciência de nosso diálogo interno e de nosso estado emocional. Por isso, muitas vezes essa ação acaba sendo a escolha errada ou uma escolha razoável, mas mal executada. E vemos com bastante frequência que nem era necessário nenhum tipo de ação. O que era preciso naquele momento era um líder facilitador, que servisse como uma presença firme, resoluta e imparcial naquela sala, mantendo o espaço para as conversas e discussões com bom humor, firmeza e compaixão.

Então, quem mostramos ser no momento de intenso calor já é em si uma intervenção poderosa. Não é preciso ser a imagem do carisma ou mostrar um desapego zen. Em vez disso, precisamos ocupar um espaço de integridade tanto para nós quanto para o grupo a que servimos. Nosso poder vem da percepção de que sempre é possível escolher *quem* se mostrará.

## EM BUSCA DAS ÁREAS DE CALOR

Sem paixão, convicção e desejo, não haveria o fogo cruzado irradiando nos grupos. E, sem fogo cruzado, os grupos produziriam coisas de pouco interesse ou sem nenhum impacto positivo. Precisamos do fogo cruzado para progredir, mas também precisamos auxiliar as pessoas a canalizar esse calor. Esse é o trabalho dos *mediadores do fogo cruzado* – pessoas que sabem como revelar o potencial criativo do fogo cruzado gerado no grupo.

E cultivar o potencial criativo do fogo cruzado é a única abordagem realmente útil, porque não adianta extinguir o incêndio. Muitos líderes e instituições evitam ou reprimem as discussões mais importantes e que precisam acontecer, e os resultados são desastrosos. Muitos estudos de caso foram escritos sobre a Enron e a cultura predominante dela, em que desafiar o *status quo* ou levantar preocupações simplesmente não era aceitável. A divergência era desestimulada de diversas maneiras, sutis e não tão sutis assim. A política de repressão levou ao fim da empresa. Para que se crie uma organização ou uma comunidade em que as pessoas se sintam seguras para expressar a própria verdade, precisamos de líderes que sejam hábeis em controlar processos e que possuam a capacidade de se manter conscientes, abertos e fluidos, mesmo enquanto outros lutarem contra as divergências de opinião, a confusão e o medo.

Os *mediadores do fogo cruzado* costumam ser atraídos para as áreas de calor da existência social porque sabem que, quando há calor, há a possibilidade de transformação. Embora procurem e cultivem o calor com grande habilidade, eles sabem que a ferramenta mais importante deles é a mentalidade, o estado emocional e a forma como ocupam os próprios corpos. Eles compreendem que, independentemente daquilo que produza calor "lá fora", eles controlam o próprio termostato.

### Estar a serviço do grupo

*Ser* e *estar* podem assumir diversos significados. Quando digo "Minha decisão está em vigor", significa que ela vale. Se disser "Não aguento isso", quer dizer que cheguei ao limite do suportável. Quando afirmo "Estou ao lado" de alguém ou algo, isso se refere a uma atitude ou a uma perspectiva. "Estar no meio do fogo cruzado" quer dizer tudo isso ao mesmo tempo, englobando todos os significados e muito mais. Já que somos líderes, nosso papel como facilitadores precisa ser desempenhado com eficiência.

Muitas vezes precisamos suportar situações em que nos sentimos muito desconfortáveis. É inevitável nos vermos desequilibrados pela intensa energia dos outros e forçados a nos recompor rapidamente. Quando adotamos a função de mediador, escolhemos um determinado conjunto de atitudes e comportamentos, uma maneira de ver as coisas que acontecem e quem somos naquele momento.

Este livro explora seis maneiras inter-relacionadas de se posicionar no meio do fogo cruzado. Você aprenderá como é estar no meio do fogo cruzado com autoconsciência, presença, receptividade, intenção, fluidez e compaixão. Para cada uma dessas formas, o livro descreve as qualidades que você precisa ter para ser bem-sucedido.

### UMA VIDA INTEIRA DE PRÁTICA

Os mediadores do fogo cruzado mais habilidosos e experientes têm um conjunto de práticas pessoais que visam a cultivar a autoconsciência e a eficácia. Tais práticas auxiliam a escolher o melhor caminho a trilhar no meio do calor intenso. Cada momento, dentro ou fora da reunião, é uma oportunidade para praticar. Há práticas contínuas que nos auxiliam no desenvolvimento de uma disponibilidade diária, bem como as que nos preparam para nossa chegada às reuniões. Além disso podemos utilizar alguns processos para nos recuperar durante uma reunião em que o botão das discussões acaloradas foi pressionado. Precisamos de práticas, sistemas e processos que nos auxiliem a refletir e a nos renovar depois de passarmos por um incêndio humano. E, ao contrário do que diz o ditado popular, a prática "não leva à perfeição". Em vez disso, a prática é o modo de romper as ilusões do perfeccionismo e do controle ao mesmo tempo que aprendemos a nos tornar mais presentes à nossa sabedoria nos momentos em que os outros julgam difícil ter acesso à sabedoria deles.

## Convidando o fogo cruzado

Conforme nos engajamos na prática e obtemos novos conhecimentos de nossa experiência com os grupos, passamos a perceber que o fogo cruzado destrutivo, como medo, agressividade e distrações, é algo autoinflingido. Ao desenvolver maior domínio da situação, aprendemos a reconhecer a discordância de opiniões e a confusão como velhos amigos. E damos boas-vindas a surpresas inconvenientes como um combustível útil e passamos a enxergar as rupturas no grupo como precursores naturais dos avanços.

Quanto mais trabalhamos com o fogo cruzado, mais o vemos como uma fonte de transformação, não apenas para o grupo, mas também para nós, como agentes de mudança. A cada vez que convidarmos a discordância, a possibilidade, o sofrimento, a paixão e a confusão a entrarem na sala, também deveremos convidar o que é mais calmo, mais claro e mais corajoso dentro de nós – nosso *eu* mais sábio e centrado. E sempre que aceitarmos esse convite, honraremos uma proposição tão antiga quanto o relacionamento da humanidade com o fogo – que as conexões e conversas entre os homens mudarão este mundo para melhor.

# PARTE 1
# O FOGO CRUZADO

A interação social já é descrita há bastante tempo por intermédio de imagens ligadas ao fogo ou ao calor gerado por ele. Por exemplo, são comuns frases como: *Voavam faíscas!*, ou *Ela fez um comentário inflamado*, ou ainda *As coisas ficaram quentes*, ou *Ele queimou tudo quando foi embora*. Quando reunimos pessoas para falar sobre assuntos que tenham importância para elas, o fogo cruzado é um dado. Onde existir paixão, diversidade de opiniões e firmes convicções, pode apostar que haverá calor.

Esta parte do livro descreverá o potencial destrutivo e criativo do fogo cruzado que emerge nas discussões em grupo, as muitas formas que o fogo cruzado assume em nossas interações sociais e de que maneira um facilitador ou mediador pode ser consumido no calor do momento. Também exploraremos quem precisamos ser capaz de auxiliar os grupos a utilizar a própria energia emocional de forma produtiva para passar pelos inevitáveis períodos de conflito, confusão e desespero.

Parece que as reuniões se tornam cada vez mais inflamáveis – emocionalmente intensas, polarizadas ou complicadas. Posso dizer, com base em minha experiência, que a intensidade emocional tem mais probabilidade de acontecer quando:

- O resultado do processo é muito incerto.
- A questão é complexa e não totalmente compreendida.
- O grupo tem uma história de sofrimento e perda.
- As discussões sobre o tema foram suprimidas no passado.
- Expressar emoções sobre a questão também foi suprimido.
- As apostas são altas.
- Existem diferenças de poder entre os que tomam parte no jogo.
- As pessoas envolvidas são muito diferentes (em personalidade, em cultura etc.)
- As pessoas têm uma posição forte e resistem a ver alternativas e outros pontos de vista.
- O grupo está física, mental ou emocionalmente cansado.
- As pessoas têm objetivos ocultos e usam táticas de manipulação.

Se você olhar para essa lista e concluir que suas reuniões ocorrem cada vez mais sob tais condições, considere isso como uma confirmação de que você trabalha em um cenário humano muito inflamável. É imperativo que você compreenda esse cenário e qual é seu papel nele.

# CAPÍTULO 1
# Para o melhor ou para o pior

*Era uma sensação familiar – aquele aperto no peito e na parte de trás do meu pescoço. Isso me disse que era hora de respirar fundo, ter confiança, de deixar de me apegar ao resultado, de prestar muita atenção, de ouvir o que acontecia e de testar as coisas que poderiam ou não dar certo.*

Gibran Rivera, Associado Sênior,
Interaction Institute for Social Change

O fogo cruzado em um grupo é o estado em que uma situação parece desconfortável, emocionalmente aquecida, intensa e, talvez, muito pessoal. O fogo cruzado está tão imbuído nas relações humanas quanto está na natureza, e é tão necessário quanto. Neste capítulo aprenderemos a reconhecer de que diferentes maneiras o fogo cruzado se apresenta nos grupos, e a apreciar e considerar tanto as qualidades destrutivas como as produtivas das reuniões muito acaloradas. Também examinaremos as maneiras pelas quais nossos hábitos de pensamentos, os botões emocionais e nossos egos tornam-nos vulneráveis a pensamentos e ações imprudentes quando estamos bem no meio do calor da interação humana.

O fogo cruzado está presente nos salões do palácio de governo e nos corredores das escolas. Ele aparece quando os líderes das igrejas, sinagogas e mesquitas se reúnem. Precisamos o fogo cruzado nas reuniões dos vereadores e nas convenções de indústrias. Quando adversários históricos, grupos de etnias diferentes e líderes mundiais se juntam, esperamos que o fogo cruzado apareça, e ele geralmente faz isso. Quando os líderes da indústria, políticos, acadêmicos, ativistas sociais e cidadãos se agrupam para deliberar questões urgentes como fome, alterações climáticas e segurança nacional, nós testemunhamos o surgimento do fogo cruzado.

Embora possa variar na forma, o fogo cruzado que surge nessas reuniões de grupos parece não fazer discriminação com base em raça, gênero, classe econômica ou cultural. Em um maravilhoso documentário chamado *Dalai Lama Renaissance*, quarenta dos mais inovadores e esclarecidos pensadores do Ocidente foram convidados à casa do Dalai Lama no norte da Índia. Entre os convidados havia estudiosos das religiões, escritores, pelo menos dois físicos quânticos e um psiquiatra. Assim que chegaram, o Dalai Lama pediu que se reunissem e trabalhassem em conjunto para chegar a uma solução "para alguns dos problemas do mundo" e para identificar "as transições que devemos fazer se quisermos sobreviver". O que transparece ao correr dos dias é um retrato do fogo cruzado que emerge num grupo. Os ilustres convidados não conseguiam chegar a um acordo sobre o formato das discussões, o que dizer então sobre algumas das proposições do Dalai Lama. Eles se perdiam em insignificâncias, em interrupções, em exibicionismo e simplesmente se perdiam em divagações. No meio das discussões, um dos participantes confessou: "Gostaria de sentir um pouco de compaixão aqui". A pessoa que assiste a esse filme sai com uma sensação de desesperança ("Se esses sábios não conseguem fazer isso direito, como é que o restante de nós poderia saber como trabalhar em conjunto?") e de alívio ("Até que minhas reuniões não são tão péssimas quanto eu julgava...").

Os conflitos e a intensidade emocional estão por toda a parte e são muitas vezes uma das causas dos sofrimentos. Mas esses momentos de intenso calor são tão naturais e necessários ao progresso humano como o são para a natureza. Precisamos de fogo cruzado em casa, nas organizações e nas comunidades, do mesmo modo que nossas florestas precisam de um incêndio de tempos em tempos para que se mantenham saudáveis. Nada interessante ou inovador já surgiu em grupos sem o calor da paixão, da discordância, do medo ou da confusão. Na verdade, o fogo cruzado às vezes é o melhor indicador de que as pessoas realmente se preocupam com a questão sobre a qual se desentendem. A ausência de calor quase sempre significa apatia, repressão ou não envolvimento.

## O FOGO CRUZADO PODE SER DESTRUTIVO

Como na natureza, o fogo cruzado que emerge nas reuniões apresenta aspectos potencialmente criativos ou destrutivos. Esses últimos são os mais familiares para nós. Aqui estão alguns dos resultados menos agradáveis desses momentos acalorados quando não são adequadamente cuidados:

**Sofrimento.** Quando as coisas esquentam, as pessoas muitas vezes tornam-se temerosas e agressivas. Com uma única faísca, o diálogo pode reduzir-se a um debate agressivo, sem argumentos fundamentados e até em ataques pessoais. Tais interações muitas vezes resultam em vencedores e perdedores e causam dor emocional para os dois lados.

**Proliferação.** Sob condições adequadas, uma conversa de alto teor inflamável pode entrar numa escalada e se espalhar pela organização inteira, até mesmo pela comunidade. Durante vários anos, minha mulher e eu moramos em um condomínio administrado por uma associação de proprietários. Durante uma das reuniões anuais, um dos membros dirigiu algumas observações pessoais e insultuosas ao presidente. No ano seguinte, a interação entre os vizinhos, mesmo entre os que não estavam presentes na reunião, tornou-se desconfortável porque ou as pessoas tentavam descobrir "de que lado" cada um estava ou procuravam uma forma de consertar aquela ruptura. Dois anos depois dessa reunião, a confiança ainda não fora totalmente restaurada.

**Destruição.** Geralmente, o que ocorre durante "incêndios" que acometem os grupos é que as pessoas tornam-se oprimidas e presas a padrões de defesa preestabelecidos. A energia e a boa vontade são consumidas à medida que as pessoas falam umas com as outras. O dinheiro é investido e reinvestido para "enfrentar" as consequências de falsos começos e decisões reativas. As pessoas entram em combustão completa, e os relacionamentos são destruídos.

## O FOGO CRUZADO PODE SER CRIATIVO

Qual é o potencial criativo do fogo cruzado que surge nos grupos? Como essa intensidade emocional, essa desordem e essa discordância podem nos servir? E por que devemos acolhê-las em nossas reuniões?

**Energia.** Nós conhecemos esta lição desde os primórdios da humanidade. Quanto mais difícil é o problema, de mais energia precisamos para enfrentá-lo. As pessoas trazem o calor das próprias convicções e paixões para a sala, e esse mesmo calor muitas vezes se torna a fonte de discórdia. Mas essa discórdia nada mais é do que a afirmação de que as pessoas estão vivas e em busca do que lhes interessa.

**Iluminação.** O fogo cruzado da adversidade surgida dentro do grupo muitas vezes é exatamente do que as pessoas precisam para avaliar um velho problema de uma forma completamente nova. O conflito e a confusão muitas vezes são necessários para novas maneiras de ver a realidade atual e enxergar as possibilidades futuras. Nesse sentido, o fogo cruzado da confusão pode ser "um professor". Em Washington, trabalhei com uma força-tarefa nomeada pelo governador, formada por investigadores de polícia, promotores públicos, estrategistas políticos e profissionais de saúde e do serviço social. Eles se reuniram para formular orientações sobre a forma como o Estado deveria investigar o abuso sexual de crianças em instituições públicas. Em alguns momentos durante a deliberação, fortes desacordos e acusações veladas desencadearam alguns debates muito intensos. Durante essas conversas profundamente desconfortáveis, o grupo descobriu que cada entidade organizacional tinha prioridades significativamente diferentes, às vezes até conflitantes, quando se tratava de investigar esse tipo de crime. Perceberam que cada agência, à própria maneira, muitas vezes prejudicava o sucesso de uma investigação. Foi justamente por meio dessa percepção que a força-tarefa criou um roteiro para a coordenação estadual interagências.

**Limpeza.** Sem o calor gerado por uma defesa forte de pontos de vista e de um confronto direto, os problemas podem se acumular logo abaixo da superfície e explodir em uma dinâmica social mais destrutiva. Quando se permite às pessoas que expressem livremente as próprias emoções e opiniões, e quando elas são reconhecidas, a limpeza que se percebe no ar é um novo começo.

**Regeneração.** Nas florestas e em outros ecossistemas, os incêndios permitem que as sementes germinem e que os nutrientes sejam liberados no solo. Da mesma forma, os grupos que aprendem a utilizar o fogo cruzado das reuniões de forma produtiva o veem como uma fonte "nutricional" importante, seja para a aprendizagem, seja para o desenvolvimento. Ao passarem pelo desacordo e pela confusão, os grupos aprendem algumas das lições mais importantes, e as sementes da inovação são lançadas.

**Transformação.** Há cerca de 3.500 anos, um fabricante de vidros descobriu como aplicar calor a um balde de areia de sílica misturada com cinzas de cascas de árvore para transformar materiais simples em um bonito vaso. Da mesma forma, as organizações, os grupos e os indivíduos podem sair da intensidade de um conflito com novos paradigmas, reinventando estratégias, reestruturando as organizações e forjando alianças nunca antes imaginadas.

Enquanto nos sentávamos na varanda da casa dele certa tarde, William Ury, fundador da Abraham Path, e eu relembramos detalhadamente uma dessas reuniões transformadoras. Ele estivera em Belém, na Cisjordânia, na esperança de conseguir apoio local para o Abraham Path (O Caminho de Abraão), uma rota para uma caminhada que se estende por países localizados no Oriente Médio que estiveram em guerra. O objetivo do Caminho de Abraão é proporcionar um espaço de ligação para pessoas de diferentes religiões e culturas, convidando-os a lembrar a origem comum delas. Ury descreveu o que acontecera na reunião:

Eles logo começaram a nos perguntar: "Você está com a CIA? Isso é parte de uma conspiração sionista? Por que não há palestinos no comitê de organização?". E então eles começaram a fazer exigências. Era possível sentir a desconfiança no ar. Havia muita coisa em jogo, e logo fiquei preocupado que aquilo poderia enterrar meu projeto. Dedicara três anos de minha vida, meu dinheiro e minha credibilidade para chegar até aquele ponto. E pensei: "Exercite o desapego. A história de Abraão é sobre desapego e acreditar que a sabedoria surgirá". Consegui ouvir e resisti ao meu desejo de defender o projeto. Continuamos a conversar, deixando os líderes palestinos saber que não haveria como o projeto ser bem-sucedido se ele não servisse às necessidades do povo deles.

Embora ninguém que ouviu essa história pudesse prever, hoje Belém é uma das cidades onde o Caminho de Abraão tem a maioria do apoio de líderes locais! A vontade de se manter no meio do fogo cruzado com pessoas que inicialmente o viam como o inimigo resultou em uma notável aliança e em um veículo inovador para a construção da paz e da reconciliação em uma das regiões mais problemáticas do mundo.

### A ANATOMIA DOS GRUPOS DE FOGO CRUZADO

Para aqueles de nós que preferem dedicar o tempo a grupos que experimentam tanto os impactos destrutivos quanto os criativos desses momentos, é bastante útil dominar algumas maneiras de compreender e de reconhecer as diferentes formas que o fogo cruzado pode assumir.

As indicações mais visíveis de que ele começa, ou já começou, são as expressões visíveis de medo, raiva, agressividade e de oposição às ideias. Elas são fáceis de reconhecer e podem ser muitas vezes esmagadoras. No primeiro processo de planejamento estratégico do qual participei, os dois proprietários da empresa, irmãos que cresceram no Brooklyn, em Nova York, levantaram-se ao mesmo tempo, inclinaram-se sobre a mesa de reuniões e lançaram palavrões e sacudiram os charutos um para o outro. Eu vi os membros da equipe se retirar para perto da mesa de café ou se esconder atrás dos *notebooks*. Fui informado posteriormente de que aquela era uma conversa normal entre os dois irmãos. Uma explosão inflamada de uma pessoa pode ser uma fogueira aconchegante para outra.

O aspecto mais sutil do fogo cruzado do grupo encontra-se em grupos com uma história de desapontamentos e prejuízos. Os indivíduos sentem que foram "queimados" no passado. Eles julgam difícil esquecer as promessas não cumpridas, os insultos não desculpados e as contribuições que deram à empresa e que não foram reconhecidas. Os relacionamentos são, muitas vezes, tênues, e as pessoas podem sentir-se esgotadas e sem esperança no início do processo. Esses grupos vivem o resquício de conflitos não resolvidos ou tratados de forma malfeita, e sofrem dos ferimentos infligidos durante as duras batalhas. Tais grupos de pessoas não costumam demonstrar calor ou motivação. No entanto, é mais comum que os membros estejam simplesmente alienados, resignados e repletos de um cinismo que serve de autoproteção. Eles hesitam em oferecer o restante da própria energia. Esse tipo de desespero é contagioso, e exige a presença de um líder forte que seja o titular exclusivo das possibilidades em uma sala assolada pelo sentimento de derrota. A capacidade interior de manter as possibilidades será mais explorada no Capítulo 5.

Outro aspecto comum que emerge nos grupos é a quase sempre silenciosa luta contra a incerteza, a dúvida e a impaciência.

A incerteza e a complexidade criam desconforto e obscurecem a capacidade de enxergar com mais clareza. As pessoas sentem-se subjugadas pela diversidade de perspectivas, pela complexidade das questões e pelo grande número de ideias. Muitas vezes, em um esforço para facilitar o escoamento da angústia e do constrangimento, os "responsáveis", incluindo o facilitador do processo, tentarão simplificar um problema ou tomarão uma decisão que auxilie o grupo a voltar para a zona de conforto. Mas esse tipo de resposta minará a capacidade do grupo bem como perpetuará problemas duradouros.

Os aspectos destrutivos do calor mostram-se não apenas em reuniões de decisões importantes, mas também em situações de rotina, em conversas sem grandes controvérsias. Sou muitas vezes surpreendido pela forma como um comentário casual como "Quando é a hora do almoço?" ou uma sutil conversa lateral pode inflamar minhas inseguranças ou provocar pensamentos críticos. O trabalho colaborativo tem uma maneira de convidar para a reunião todas as lições que precisamos aprender sobre nós mesmos.

### O FOGO CRUZADO INTERIOR

Ser um líder competente com uma história de sucesso tem um lado sombrio pouco discutido. Tenho enfrentado isso durante a maior parte de minha carreira. Trata-se da crença de que eu possa, sozinho, gerenciar um processo e assegurar o sucesso de uma reunião. Além de muitas vezes atribuir demasiada importância ao meu papel e justificar minhas opiniões de forma inflexível demais, procuro frequentemente por outras pessoas para reafirmar meu valor e minhas contribuições. Em certos aspectos, contudo, quanto mais sucesso eu consigo, mais vejo necessidade de reconhecer e gentilmente combater essas tendências.

As salas de reunião em que trabalhamos são muitas vezes locais de desconforto. No meio do conflito, da confusão e de fortes emoções, é difícil não percebermos o calor se instalando. As pessoas levantam a voz e usam um linguajar inflamado. Algumas assumem um lado ou trabalham com objetivos não declarados. Outras reviram os olhos com descrença ou se retiram completamente da conversa.

Quando encaramos esses momentos de ansiedade, vemos coisas que irritam, constrangem ou nos amedrontam. Vivemos então momentos de dúvida e sentimo-nos oprimidos. Mas nossas próprias ações ou omissões nesses momentos fazem parte do fogo cruzado. Deixaremos as coisas melhores ou piores? O grupo está numa posição além de qualquer auxílio ou não somos inteligentes o suficiente para perceber o que fazer a seguir?

Se somos levados pelo calor do grupo, queremos desesperadamente recuperar uma sensação de conforto pessoal. Para alcançar isso, tentamos reprimir o que sentimos, tornando-nos extremamente mecânicos em nossas respostas. Tentamos resgatar membros do grupo, tomar partido, culpar os outros, ou controlar as pessoas e os resultados mediante manipulação sutil. Argumentamos com veemência ou nos retiramos passivamente. Embora tais respostas sejam normais, no sentido de que estão lá para nos proteger, elas fazem muito pouco para auxiliar o grupo na realização dos próprios fins ou na construção da capacidade de trabalhar por meio de reações.

### HÁBITOS DA MENTE

Cada um de nós tem maneiras únicas de ver, pensar e fazer. Nossos hábitos mentais são as crenças padronizadas de como as coisas são e de como deveriam ser. Eles se formam ao longo de nossas vidas com base em nossas experiências, educação, formação e assim por diante. Tais hábitos influenciam nossas decisões e interpretações. Quando entendemos que nosso padrão é a única maneira, tornamo-nos aqueles que a autora Ellen Langer chama "engajados na insensatez"[1]. Os hábitos mentais tornam-se particularmente perigosos no meio do fogo cruzado quando decidimos o que é "aceitável", "apropriado" e "atingível" sem questionar nossas suposições.

As interações tornam-se mais intensas, desafiadoras e pessoais, nossas mentes enchem-se de interpretações, memórias, lamentos e previsões, ligações e ressentimentos. E nos queimamos quando deixamos de lembrar que um número infinito de pontos de vista legítimos pode ser levado em conta em qualquer tópico ou situação.

Você pode enxergar uma pergunta desafiadora de um membro do grupo como um insulto à sua autoridade, enquanto o outro a vê como um convite ao diálogo. Outra pessoa ainda pode enxergar tal pergunta como motivada por alguma razão política. Tudo depende de sua maneira habitual de ver as coisas. O segredo é estar disposto a manter o padrão de crenças e suposições aberto à inspeção, considerando que ele não é a única verdade disponível na sala. Examinaremos em mais detalhes a capacidade de manter a mente aberta no Capítulo 5.

## OS BOTÕES EMOCIONAIS

Quando estamos no meio do fogo cruzado, pessoas e eventos podem pressionar nossos botões emocionais – os lugares dentro de nós que são sensíveis e, às vezes, inflamáveis. Esses botões pessoais mais "quentes" nascem de traumas e tentativas que realizamos durante nossa vida. Algumas pessoas têm esses botões acionados pela figura autoritária, pela grosseria, pelo choro ou até pela falta de lógica. Já outras veem os botões acionados por acreditar que não são aprovadas pelas pessoas. Cada um de nós tem botões diferentes, e é importante saber quais são eles.

As pessoas, os eventos ou os comportamentos que pressionam nossos botões pessoais não precisam ser nada dramáticos, nem mesmo algo visível para os outros. Podem ser algo tão sutil como uma sobrancelha arqueada ou uma pergunta feita sobre um método sugerido de tomada de decisões. Meu botão naquela reunião com policiais que descrevi na Introdução não foram as armas, nem o silêncio do grupo, nem a sala dividida e tampouco a hostilidade palpável no ambiente. Qualquer uma dessas coisas poderia ter acionado meu botão pessoal, mas naquele dia não fizeram isso. O que o acionou foi que eu não sabia o que fazer.

Naquela fase inicial de minha carreira, minha identidade profissional era toda baseada em ser a única pessoa na sala que sempre sabia o que fazer e que nunca precisava perguntar. Em minha mente, a incerteza visível era uma forma de fracasso. Fiquei envergonhado. Como resultado, a minha capacidade de ver o que acontecia naquele grupo, com base em meu conhecimento, foi grandemente comprometida, assim como minha capacidade de tomar medidas eficazes – e tudo aquilo foi causado não pelo calor surgido no grupo, mas pelo fogo autoinfligido. Eu, inconscientemente, permitira que o fogo do grupo me inflamasse num estado de pânico.

Quando nossos botões são acionados, o cérebro se mobiliza para nos defender, e para evitar que venhamos a experimentar emoções, pensamentos e sensações negativas. Nossa reação inicial se destina a nos proteger e evitar que sintamos os traumas subjacentes. Antes que nossa inteligência superior possa intervir, o comando passa a ser das partes mais primitivas do cérebro e entramos no modo de "lutar ou correr". Comportamo-nos de modo defensivo ou argumentativo. Essas respostas por impulso – reações-padrão típicas do ser humano – nos confortam, mas também podem prejudicar nossa capacidade de tomar ações deliberadas a serviço do grupo. E o que torna esses botões algo ainda mais desafiador é que o cérebro parece programado para prevenir ou inverter uma resposta de medo assim que for acionada.[2]

### IDENTIDADE E EGO

As pesquisas têm demonstrado consistentemente que nós, seres humanos, somos propensos a nos ver mais capazes, simpáticos, conscientes e desinteressados do que realmente somos.[3] Mas quando nos identificamos demais com qualquer uma dessas qualidades, colocamo-nos prontos para sofrer um desapontamento.[4] A influência do ego é uma realidade, sobretudo quando trabalhamos em uma situação intensamente acalorada. Eu não uso o termo *ego* no sentido freudiano formal, mas como uma abreviação para uma autoimagem idealizada ou para as histórias que contamos a nós ou aos outros sobre quem somos.

O problema surge quando a realidade se choca com a autoimagem inflada que trabalhamos arduamente para construir. Gosto de pensar em mim como uma pessoa sensível às necessidades de todos os tipos de pessoa. Recentemente, alguém me apontou durante um *workshop* que alguns dos exercícios experienciais que preparamos foram projetados de uma forma que excluía as pessoas com determinado tipo de deficiência física. Trabalhei penosamente naquele momento para corrigir o descuido, mas, por dentro, eu estava constrangido por um sentimento de vergonha, porque em local público eu não correspondera à imagem de que era uma pessoa "iluminada", por não levar em conta as diferenças físicas. E naquela altura fui forçado a lembrar que meu ego aprontara comigo.

Nosso ego estimula a necessidade de vencer sempre, de estar sempre certo, de ser superior aos outros. O ego é aquela parte de nós que iguala o nosso valor com a nossa reputação e com as nossas realizações. Assim, quando algo numa reunião parece sair dos trilhos, e a confusão ou o impasse faz com que o resultado esperado seja cada vez menos provável, começamos a temer que não possamos mais confirmar aquela imagem que construímos. Quando não sabemos mais o que fazer porque as coisas se tornam cada vez mais confusas, surge a inibição e o constrangimento de procurar auxílio. E nos sentimos psicologicamente em risco, o que pode provocar aquele tipo de resposta do gênero "bater ou correr". Nesses momentos, ou nos mostramos capazes de reconhecer que a imagem que construímos é pura ilusão, ou continuaremos queimando em nosso próprio fogo cruzado.

### NÓS NOS QUEIMAMOS

A boa notícia é que não existe calor a não ser aquele infligido por nós. Independentemente de quão quente esteja a reunião "lá fora", temos a habilidade de controlar nosso termostato. O fogo cruzado não determina a intensidade do calor. Quem a determina somos *nós*. Nós determinamos a maneira como nos movemos nos padrões habituais de lutar, fugir ou congelar em uma dinâmica de grupo desconfortável. A capacidade de escolher nosso estado interior perante o calor externo é a essência de uma liderança intencional e íntegra. É ela quem dita se seremos capazes de oferecer uma presença calma e realizar ações com sabedoria quando tais atitudes e posturas são necessárias.

Sabemos quando o calor é de nossa própria "fabricação" porque duas pessoas na mesma sala e no mesmo momento podem vivenciar a situação de maneiras muito diferentes. O facilitador e autor Roger Schwarz contou-me sobre uma reunião que ele ajudou a mediar, no início da própria carreira. Era uma reunião do sindicato, e um conflito começou a aumentar em intensidade. Os participantes começaram a levantar as vozes, fazendo acusações, e ameaçaram abandonar a reunião. Ele se lembra do suor escorrendo da testa. Naquele momento de pânico, olhou de relance para o cofacilitador, mais velho e mais experiente. O colega dele, sorrindo de orelha a orelha, disse: "Uau, isto está ficando cada vez mais interessante, não é mesmo?".

Essa é uma história de esperança. Acreditamos que navegamos no meio de uma grande tempestade até percebermos que nós a fabricamos. O consultor Chris Corrigan comenta que esses incêndios e tempestades são apenas ilusões. Chris disse: "As situações difíceis ficam assim mais por minha causa do que por culpa dos outros. Ela se torna uma tempestade dependendo da maneira como encaro a situação... Quando estou calmo e sem medo, a tal tempestade torna-se apenas uma chuvinha"[5]. Como veremos no capítulo seguinte, prestar atenção em nossos medos nos permite controlar nosso termostato quando enfrentamos o calor existente. Aprendemos a ver, ouvir e sentir o calor intenso que existe nos grupos sem precisar trazê-lo para dentro de nós. Não precisamos, porém, nos tornar impermeáveis a isso tudo, nem evitar que nossos botões sejam apertados. Nossas vulnerabilidades pessoais aparecerão na dinâmica do grupo, como se existisse um espelho em nossa psique. Mas não precisamos agir sobre elas. E também não precisamos suprimi-las. Como veremos mais adiante, no Capítulo 11, podemos desenvolver práticas que nos auxiliem a perceber as fortes reações emocionais sem permitir que elas assumam o controle. Podemos aprender a vivenciar a força das sensações sem abandonar a nossa sabedoria interior e o bom senso.

Nosso trabalho pelo restante deste livro é permitir que o fogo cruzado que criamos dentro de nós se torne o professor que fortalecerá nossa capacidade de estar presente quando um líder calmo, compassivo e inabalável for necessário. Os momentos em que nossos botões são pressionados são momentos da verdade, que apontam para os locais nos quais precisamos abrir nossos corações e mentes, em vez de entrarmos no colapso da autoproteção. Tais momentos, em que podemos sentir o fogo cruzado dentro de nós, são, como diz o mestre budista Pema Chödrön, "como mensageiros que nos mostram, com clareza assustadora, exatamente onde estamos presos"[6]. Nosso fogo cruzado autogerado é um mensageiro que carrega inspirações e *insights* sobre o que significa liderar com clareza, calma e coragem. E é por meio desses *insights* profundamente pessoais, e às vezes dolorosos, que aprendemos a suportar a intensidade do fogo cruzado dentro do grupo e a nutrir o potencial criativo dele.

Quando as pessoas se reúnem para tratar de problemas que representam riscos importantes, as coisas ficam aquecidas – emocionalmente intensas, às vezes desconfortáveis e de vez em quando descambam para o lado pessoal. Este é o fogo cruzado dentro do grupo. É patente, natural e necessário para o progresso humano.

Sem o calor da paixão e da convicção, as reuniões raramente produzem algo de interessante ou inovador. E exatamente porque esse fogo cruzado pode ser uma fonte de destruição e de sofrimento, precisamos aprender a canalizar essa energia. Tomar conta do fogo cruzado sem se deixar queimar por ele é o desafio de estar presente – e sobreviver – a ele.

## QUESTÕES PARA REFLEXÃO

- Reflita sobre a última reunião acalorada que você mediou. Quais foram os indicadores de que o grupo vivia momentos de temperatura elevada? O que as pessoas disseram ou fizeram?

- Por acaso um evento recente, ou um indivíduo, durante uma reunião, pressionou um de seus botões emocionais? Qual foi sua resposta naquele momento? Como você se sentiu? O que pensava sobre si?

- Quando lidera grupos, o que faz com que você se sinta na defensiva, impaciente ou ansioso? Que tipo de crenças e narrativas internas estão relacionadas com esses sentimentos?

- Quais são as expectativas irrealistas ou perfeccionistas que tem em relação a si como um organizador de reuniões? Em que situações você começa a sentir-se estressado ou vulnerável porque não consegue viver de acordo com essas expectativas?

- Você já viveu algum momento em que teve vontade de reagir, mas foi capaz de fazer uma escolha intencional em vez de se deixar levar por uma reação impulsiva ou defensiva? O que o levou a fazer isso?

## TENTE ISTO

Enquanto realiza as atividades diárias, tente perceber as interações que geram calor e qual forma isso toma. Onde você percebe altos níveis de paixão e convicção? Onde as coisas parecem ser mais litigiosas e pessoais? Quando você observou a ausência de fogo cruzado nas interações do grupo? Preste atenção a seus julgamentos e emoções enquanto observa e participa dos momentos acalorados das interações diárias. Dedique um tempo para escrever o que mais gostaria de aprender sobre o fogo cruzado que existe nos grupos e sobre si, como uma pessoa que auxilia a mediar as pessoas em reuniões acaloradas.

# CAPÍTULO 2

# Somos todos mediadores do fogo cruzado

> *Sou pago por duas coisas. Em primeiro lugar por minha capacidade de, em momentos difíceis e assustadores, conseguir prestar atenção a dimensões ditas e não ditas. Em segundo, por minha disposição para me sentir oprimido e confuso, e minha vontade de me sentir assim em vez de evitar.*
>
> Saul Eisen,
> PhD em Desenvolvimento de Sistemas Humanos

Não basta ser um líder experiente e perspicaz, com habilidades adequadas para gerenciar uma reunião. Nós devemos dominar a arte de organizar reuniões. Entre os aspectos mais desafiadores dessa função de reunir pessoas diferentes para discutir como chegar a um objetivo comum, estão as brigas e as tensões que inevitavelmente surgirão.

Em qualquer esforço colaborativo, as pessoas trazem para a mesa pontos de vista diferentes e, muitas vezes, conflitantes. E para deixar as coisas ainda mais difíceis, elas geralmente se sentem bastante vinculadas aos próprios pontos de vista. As pessoas também vêm às reuniões com diferentes níveis de esperança e de dúvida, com uma gama de habilidades interpessoais e com diferentes tópicos a discutir. Como dissemos no capítulo anterior, o desconforto, a frustração e a confusão certamente aparecerão enquanto as pessoas fizerem esforços honestos para encontrar um consenso no meio de todas as diferenças. Por isso, precisam de alguém naquela sala que irradie a luz de uma presença calma e de um propósito claro enquanto os demais se exaltarem ou se fecharem no calor de um momento difícil.

Precisamos nos tornar *mediadores do fogo cruzado* – pessoas que podem suportar conflitos incendiários e desafios desconcertantes e auxiliar os outros a conter as tensões, as emoções e as incertezas por tempo suficiente para chegarem a novas percepções e novos pontos em comum. Este capítulo descreve o papel dos líderes como mediadores do fogo cruzado e como nosso modo de ser no meio de conversas acaloradas representa uma fronteira para uma liderança inovadora.

### E, AGORA, UMA MENSAGEM DO NATIONAL FOREST SERVICE DOS EUA

Um equívoco bastante comum é que, para manter a paz em nossas organizações, é preciso suprimir qualquer coisa que seja controversa, que cause ruídos, desperte emoções ou que seja potencialmente polarizadora das emoções. Qualquer coisa que possa desencadear um conflito é desestimulada. Mas as tentativas de impedir ou reprimir a incerteza, o conflito e a emoção produzem o que os especialistas chamam "acúmulo de combustível", condição que contribui para incêndios grandes e muito destrutivos.

Durante a maior parte do século XX, a política nos Estados Unidos em relação aos incêndios florestais foi suprimir qualquer foco nas florestas. Essa política, destinada a proteger os recursos florestais e as comunidades rurais, ignorou a importância ecológica do fogo. Como resultado, muitas das florestas do país ficaram sufocadas com a vegetação, e o acúmulo de grama, arbustos e mudas criou combustível para transformar qualquer pequeno incêndio em grandes catástrofes florestais. E os Estados Unidos começaram a enfrentar incêndios que destruíram mais recursos do que jamais ocorrera antes. Hoje, o Serviço Florestal reconhece que a política indiscriminada de suprimir todos os incêndios florestais foi um erro.

Infelizmente, muitas instituições parecem manter a mesma política do Serviço Florestal, e com os mesmos resultados. As organizações e as comunidades têm um acúmulo de vegetação rasteira – vozes não ouvidas, problemas não contemplados e assuntos "não discutíveis" que precisam desesperadamente ser abordados. Começamos a ver os incêndios que foram gerados por nossa política de supressão: uma quebra sem precedentes dos mercados financeiros globais, aumento crescente da obesidade infantil e do diabetes, o desaparecimento da água potável, e aquilo que o World Wildlife Fund chama de "a pior onda de extinção das espécies desde os dinossauros"[1]. É hora de permitir que as faíscas se espalhem, para desencadear as vozes da preocupação, para expressar as verdades impopulares e para podermos examinar cada centímetro daquele proverbial elefante na sala.

Para fazermos isso, devemos nos tornar *mediadores do fogo cruzado*. Mediar o fogo cruzado não significa desencadear um incêndio violento e desenfreado. Também não significa que nos tornaremos os guardiões exclusivos ou salvadores de todos aqueles envolvidos em discussões acaloradas. Significa auxiliar as pessoas a enfrentar aqueles conflitos intensamente incendiários ou desafios desconcertantes, mantendo as tensões, emoções e incertezas presentes por tempo suficiente para chegar a novas ideias, a uma base comum e a um compromisso para a ação.

No meio do fogo cruzado

A HISTÓRIA DE DOIS MOTORISTAS DE ÔNIBUS

Como mediadores do fogo cruzado, a ferramenta mais poderosa que possuímos é a nossa presença. Tanto o nosso estado mental e emocional quanto a forma como ocupamos o espaço físico exercem um profundo impacto nas pessoas à nossa volta.

Eu vejo um exemplo dessa influência todas as vezes que vou ao aeroporto e volto de lá para casa usando o transporte público. Quando vou ao aeroporto, quase sempre pego o mesmo motorista de ônibus, que chamarei aqui George. No momento em que o encontro, sinto que sou alguém inconveniente para ele. Não que ele me trate com grosseria. Ele carrega a bagagem, cobra a tarifa, anuncia as várias paradas e me leva com segurança para o aeroporto. Mas, de alguma forma, sinto a raiva que existe logo abaixo da superfície das atitudes de George. Eu posso sentir isso no meu corpo durante toda a viagem de uma hora entre Boulder e o aeroporto de Denver. Se eu não estivesse consciente daquilo que acontecia, eu não levaria apenas minha bagagem, mas também a bagagem emocional da raiva de George.

Na viagem de ônibus de volta para casa, um homem que chamarei Fred é quase sempre o motorista. Assim como George, Fred é um sujeito de poucas palavras. Ele tem as mesmas responsabilidades de George: carrega minha bagagem, recolhe a tarifa, anuncia as diversas paradas no caminho e me leva em segurança e no tempo previsto. Mas há uma grande diferença entre ambos. Meus encontros com Fred são acolhedores e calorosos, e eu me sinto cuidado, seguro e geralmente fico otimista.

Esses dois homens têm o mesmo trabalho, seguem os mesmos procedimentos, comunicam-se com as mesmas palavras e dirigem por rotas idênticas, mas a diferença na presença deles é indiscutível. Todos nós já tivemos esse tipo de experiência. Entramos em uma sala e sentimos quase imediatamente a alegria, o otimismo, a tensão ou o desespero. Como George e Fred, cada um de nós é uma espécie de condutor, não no sentido de dirigir um ônibus, mas como um transmissor de energia.

## A ILUSÃO DA NOSSA SEPARAÇÃO

Embora muito se tenha escrito sobre a necessidade de facilitadores e mediadores manterem uma "distância profissional" – ficando à parte dos demais –, há uma crescente evidência de que estamos em transação constante e invisível com o outro, embora profundamente sentida. Nós tocamos as pessoas mesmo sem fazer contato físico. As recentes pesquisas da neurociência sustentam a ideia de que a forma como nos apresentamos às pessoas tem muita importância. Segundo o psicólogo internacionalmente conhecido Daniel Goleman, os neurônios-espelho são uma espécie de "Wi-Fi emocional" que nos mantém em sintonia com o que acontece com os demais. Esse sistema rastreia os movimentos, as emoções e as intenções e ativa em nosso cérebro precisamente as áreas ativas no cérebro do outro. Essencialmente, somos colocados instantânea e inconscientemente no mesmo comprimento de onda emocional que o das pessoas em nosso campo de consciência. Nossas emoções e humores são contagiosos[2].

A neurociência também afirma veementemente que o estado interior do líder afeta o estado interior dos outros, e que os que são vistos como autoridade têm o poder de moldar a luz e a escuridão durante uma reunião. Goleman afirma ainda que a inteligência social que permite à pessoa estar consciente dessa dinâmica é a força vital de um excelente líder. Ele escreve: "Os líderes precisam assumir as próprias responsabilidade pelo impacto que exercem sobre as pessoas que lideram e sobre as pessoas ao redor dele. E cada colega de trabalho deve fazer o mesmo"[3]. Tendo em vista a percepção de que literalmente moldamos o cérebro uns dos outros, não é surpresa que minhas viagens com George e Fred sejam tão diferentes quanto a noite e o dia. Embora eu possa escolher como me sinto durante esses intercâmbios, essa troca invisível de emoções é, inquestionavelmente, uma parte muito verdadeira da viagem.

Apesar de uma postura de imparcialidade ser muitas vezes fundamental no papel que desempenhamos durante uma reunião, o grupo sempre nos afeta, assim como afetamos o grupo. A separação é uma ilusão. Os mediadores do fogo cruzado devem aprender a ter consciência disso e abraçar essas influências momento a momento, mesmo enquanto lutam para manter a imparcialidade.

### Sendo um mediador de fogo cruzado exímio

Os mediadores de fogo cruzado mais habilidosos têm a incrível capacidade de permanecer frente a frente com interações muito incendiárias e não se desequilibrar, como as outras pessoas em volta certamente fazem. Eles mantêm a calma, a clareza, a curiosidade, mesmo quando os outros se tornam contraditórios, confusos ou se resignam a "outra tentativa fracassada de resolver esse problema".

Essa jornada em busca da perícia extrema em mediar o fogo cruzado envolve três dimensões. Primeiro, precisamos adquirir *conhecimento*. É necessário ter um paradigma de trabalho que forneça uma lente para a compreensão individual, grupal, e uma dinâmica maior. Precisamos também desenvolver uma compreensão do sistema no qual os membros do grupo trabalham, os problemas que eles enfrentam e quais as questões com as quais pretendem lutar.

Em segundo lugar, devemos desenvolver habilidades em uma ampla variedade de técnicas de facilitação. Tornamo-nos mais capazes com a prática, a autorreflexão e o *feedback*. Ao longo do tempo, desenvolvemos o nosso inventário pessoal de ferramentas que nos servem bem em diferentes situações.

Frequentemente, a formação em liderança facilitadora para aqui. Costumamos acreditar que saber *o quê* e o *como* já é suficiente. Mas, como diz Marianne Hughes, com 30 anos de vivência mediando reuniões de alto risco, conhecimento e habilidades não bastam: "Temos uma metodologia e consultores extraordinariamente hábeis e muito bem treinados, mas isso nunca seria o suficiente para fazer o trabalho"[4]. O que muitas vezes é negligenciado é a terceira dimensão crítica para se conseguir a maestria como mediador de fogo cruzado. É a dimensão de *quem* somos quando utilizamos os nossos consideráveis conhecimentos e competências. É o que explica a diferença entre os dois motoristas de ônibus. Essa dimensão se refere à presença que trazemos para o trabalho – nosso estado físico, mental e emocional.

Ao buscar o autoconhecimento e escolhas conscientes, tornamo-nos os autores de nossa contribuição à liderança, em vez de permitir que o fogo cruzado acione respostas involuntárias e defensivas. Podemos enfrentar o calor enquanto ainda acessarem nossos recursos internos, além de nosso conhecimento e nossas competências acumuladas. Os mediadores de fogo cruzado mais habilidosos possuem diversas maneiras de resistir no momento em que estão no meio do fogo cruzado:

- Quando o fogo cruzado obriga-os a enfrentar as próprias maneiras limitantes de pensamento, os botões emocionais e o ego, eles permanecem profundamente conscientes da situação.

- Enquanto outros se arrastam em lembranças de erros passados e ficam angustiados com previsões de catástrofes iminentes, eles permanecem no presente, fundados no aqui e no agora.

- Os mediadores de fogo cruzado mais habilidosos não permitem que julgamentos e preconceitos enevoem o que enxergam e escolhem como agir a cada momento. Essa é a postura de receptividade ou "mente aberta".

- Diante da confusão e da incerteza, os mais habilidosos permanecem a serviço do propósito do grupo, mantendo-se com clareza no que deve ser feito naquele momento.

- Na ocasião em que as surpresas e interrupções acontecem, os mediadores de fogo cruzado que possuem completo domínio respondem com a fluidez, a graça e a espontaneidade de um dançarino.

- Quando a dinâmica de um indivíduo ou do grupo torna-se desagradável ou desconfortável, eles encontram uma maneira de sustentar a compaixão, permanecendo com o coração aberto.

Mediar o fogo cruzado não é tanto a descrição de um cargo, mas um conjunto de capacidades que podem ser cultivadas. Os mediadores de fogo cruzado reconhecem que as competências deles são importantes, mas sabem também que a presença é o instrumento essencial para a mudança. São pessoas que se comprometem a uma jornada por toda a vida de autoentendimento e de prática pessoal. Mas não aspiram a um estado de perfeição. O objetivo delas é simplesmente trazer o mais completo e consciente eu a fim de servir como um instrumento para a mudança positiva.

Larry Dressler

Os mediadores do fogo cruzado enxergam cada novo dia como uma oportunidade para se aprofundar nas coisas sobre as quais eles gostariam ter mais clareza - a certeza da incerteza, a possibilidade da falha e a probabilidade da dolorosa autoconsciência.

E o presente que essa atividade traz é que a cada vez que nos entregamos totalmente ao trabalho da mudança positiva, também somos mudados. A cada vez que podemos nos comportar como o que Edwin Friedman chama de "uma presença sem ansiedade"[5] em grupos, em instituições e em comunidades onde a ansiedade é penetrante, passamos a confiar mais em nós do que em técnicas de manipulação ou de motivação. A cada vez que nos debruçamos sobre grupos em que as pessoas transformam a confusão, o sofrimento e a resignação em esperança, cura e responsabilidade, sentimos maior confiança no fato de que quem somos, enquanto lideramos, realmente importa.

#### POR QUE É IMPORTANTE NOSSO MODO DE SER INTERIOR?

Aqueles que mediam o fogo cruzado reconhecem que suportar uma situação de alta temperatura com responsabilidade significa ser capaz de cultivar uma condição mental, emocional e física especial. Alguém poderia perguntar: *Não é possível ser um instrumento de mudança positiva sem precisar me preocupar com meu estado interior?* A resposta é não.

O nosso estado interior afeta muitos aspectos de nossa atuação em uma dinâmica de grupo. Ele influencia o modo como vemos e interpretamos a realidade. Nossos humores, emoções e pressupostos formam uma lente que tinge a nossa percepção. O estado interior também afeta as opções que julgamos disponíveis em dado momento. Se nos sentirmos em dúvida ou cínicos, veremos menos maneiras de estar a serviço de um grupo que discute. Além disso, no caso de estarmos imersos nesses estados emocionais, não seremos tão ágeis quanto deveríamos na escolha de um curso de ação mais adequado e produtivo.

Se, como líderes, nos deixarmos apanhar com regularidade pelo fogo cruzado da competição, da confusão e do medo, sucumbindo à nossa natureza mais defensiva e reativa, permitiremos que esses padrões disfuncionais se perpetuem em nossas equipes, organizações e comunidades. Ao contrário, um cenário interior mais centrado prepara o terreno para receber novos padrões sociais nos quais as pessoas aprendem a reter as tensões desconfortáveis, incertezas e emoções enquanto trabalham com criatividade para encontrar soluções. A mestra espiritual Marianne Williamson capturou a essência dessa ideia quando escreveu: "Enquanto permitimos que nossa própria luz brilhe, inconscientemente damos permissão ao outro para fazer a mesma coisa. Quando nos libertamos do nosso medo, nossa presença automaticamente liberta os outros"[6]. O trabalho de quem media o fogo cruzado é cultivar e oferecer esse tipo de presença libertadora.

### É UM TRABALHO ÁRDUO; É O TRABALHO MAIS IMPORTANTE

No longo prazo, ninguém se lembra do que você disse ou fez. As pessoas raramente se lembram de decisões específicas tomadas durante a reunião, mas se lembram sim de como se sentiram em sua presença, ou na presença dos outros. E como esse sentimento de alguma forma lhes permitiu serem *mais* – mais criativos, mais abertos e mais firmes na resolução de um problema difícil.

Nós, os que mediamos o fogo cruzado, estamos frequentemente no meio das conversas abrasadoras, quando as vozes se elevam, e quando as pessoas ficam cada vez mais incomodadas. Em tais momentos, nosso trabalho é auxiliar o grupo a direcionar o calor da paixão para um propósito mais produtivo.

Para conseguir fazer isso, precisamos nos privar daquela crença enraizada sobre o que significa ser um líder "de verdade" – alguém que tem todas as respostas, toma a frente quando as coisas ficam desconfortáveis, que se mantém em objetividade total e não mostra nenhuma emoção. Deixar vazar os impulsos de sobrevivência e rejeitar as pressões externas para se tornar o grande salvador da pátria é um trabalho para a vida toda.

Não poderemos acessar ou compartilhar nossos conhecimentos, habilidades e sabedoria com eficiência se não formos capazes de compreender o segredo de ser um exímio mediador do fogo cruzado. *O caminho para se tornar um instrumento verdadeiramente eficaz da mudança está no cuidar consciente de nosso próprio fogo cruzado – cuidando do que acontece dentro de nós de forma a ver claramente, e auxiliar intencionalmente, no desdobramento do que acontece do lado de fora.*

Cuidar de nosso fogo cruzado é nosso trabalho mais importante. Viver e liderar com propósito significa que, em nossos esforços para influenciar pessoas e eventos, inevitavelmente enfrentaremos as consequências imprevisíveis de quem somos enquanto lideramos. Significa encontrar-se cara a cara com a realidade de quem você é, em contraste com a autoimagem que passou a vida toda construindo.

Não importa se a nossa contribuição intencional para o mundo toma a forma de liderança, facilitação, mediação, ensino, treinamento ou ativismo social, todos podemos cultivar a capacidade de ser mediador do fogo cruzado perante as controvérsias humanas. Precisamos apenas acreditar que o trabalho de mudar o mundo começa ao cultivarmos o próprio potencial humano.

Os mediadores do fogo cruzado resistem a conflitos incendiários e desafios desconcertantes, auxiliando os outros a se entenderem com a incerteza, as emoções perturbadoras e os conflitos por tempo suficiente de forma a chegarem a novas perspectivas e pontos em comum. Esse tipo de liderança requer que aprendamos a enfrentar o que todos tememos – ver-se sentado no meio de um intenso desconforto pessoal, resistindo a encenar velhas histórias e impulsos, e manter-se presente em relação ao que emerge no grupo e dentro de nós. O caminho para se tornar um exímio mediador de fogo cruzado passa pela mediação consciente de nosso próprio fogo cruzado – prestando atenção ao que acontece dentro de nós para auxiliar no desenvolvimento do que acontece fora de nós. Perseguir esse caminho exige que aprendamos a *estar* de novas maneiras

## QUESTÕES PARA REFLEXÃO

- Que tipo de discussões foram suprimidas em sua família, organização ou comunidade? Quando você se sentiu culpado de suprimir uma conversa difícil, em nome da manutenção da paz ou para manter as coisas no caminho certo?

- Que qualidades de mediador do fogo cruzado você vê nos líderes que mais admira? E quais dessas qualidades vê em si?

- Quando você pensa em si como um instrumento positivo de mudança, como sua presença física, mental e emocional e seu modo de ser entra em jogo?

- Você consegue se lembrar de quando suas crenças, suposições ou emoções interferiram em sua maneira de trabalhar de modo mais efetivo em uma situação de alta temperatura? O que conseguiu aprender sobre você mesmo nessa ocasião?

## TENTE ISTO

Escolha alguém que tenha autoridade formal ou informal em um grupo ao qual você pertence. Ao longo de várias reuniões, observe o estado emocional dessa pessoa e quaisquer impactos positivos ou negativos que tal situação parece exercer sobre os membros do grupo, inclusive você.

Em seguida, preste atenção ao seu estado emocional quando você conduz as reuniões. Verifique sua energia física, seus sentimentos e humor na hora em que começar. Como você descreveria seus sentimentos? Por acaso, optou por fazer alguns ajustes antes da reunião? O que percebe como a relação entre o seu estado interior e sua energia durante a reunião e o que observa nas outras pessoas?

# PARTE 2
# SEIS MANEIRAS DE ESTAR

Agora que já examinamos a natureza do fogo cruzado e o papel que desempenhamos como mediadores do fogo cruzado, olhemos as maneiras com que podemos nos apresentar de modo mais eficaz em uma dinâmica de grupo muito combustível. Estar, permanecer, resistir, tudo isso é apenas uma metáfora para *ser*. Quando trabalhamos com grupos que lutam contra a adversidade, a complexidade e as intensas emoções do momento, *quem somos* – a natureza de nossa presença na sala – é tão poderoso como instrumento de intervenção quanto qualquer outra coisa que façamos ou digamos. Mesmo a mais básica das intervenções de facilitação, como fazer uma pergunta esclarecedora, tem um impacto fundamentalmente diferente sobre um grupo quando é feita em uma postura de relaxada abertura e de compaixão *versus* uma postura de defesa ou de ansiedade.

Esta seção do livro descreve seis maneiras diferentes de estar (veja a figura). Poderíamos refletir e trabalhar sobre cada uma dessas posições se fossem separadas e distintas. Mas não são. Estão todas interligadas e sobrepostas. E também podem ocorrer simultaneamente. São raros os momentos em que as manifestamos apenas uma de cada vez. O mais provável, especialmente quando as coisas ficam tensas, é que recorramos a várias dessas posições de uma só vez, para nos manter centrados e a serviço do grupo.

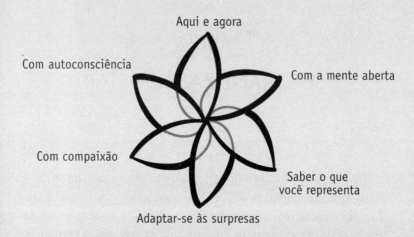

Torna-se bastante útil pensar nessas seis maneiras como uma dança dinâmica e fluida e não poses estáticas. Para estar no meio do fogo cruzado, você precisa aprender a:

- Estar com autoconsciência.
- Estar no aqui e agora.
- Estar com a mente aberta.
- Saber o que você representa.
- Adaptar-se às surpresas.
- Estar com compaixão.

Para cada uma delas, olhemos primeiro como nos queimamos – em outras palavras, o que pode dar errado quando não escolhemos estar presentes com consciência e deliberadamente. Então exploremos o que significa estar em cada uma dessas posições, quais capacidades devemos dominar para permanecer do modo escolhido e quais aspectos de nosso trabalho se modificam quando fazemos tal escolha.

O processo de aprendizagem para *estarmos bem* – adotando um modo de ser mais produtivo do ponto de vista mental, físico e emocional – traz retornos tangíveis para nós e para as pessoas presentes nas reuniões:

- Não caímos na tentação de utilizar as "velhas formas confiáveis" de responder e enxergamos um vasto leque de opções a qualquer momento.
- Evitamos ficar obscurecidos pela emoção e pela confusão e acessamos prontamente nosso conhecimento acumulado e nossa sabedoria inata.
- Agimos de maneira consistente com a finalidade de servir aos outros em vez de nos servir.
- Vemos, ouvimos e sentimos com maior clareza o que acontece no grupo e dentro de nós.
- Recuperamo-nos mais rapidamente depois que um botão emocional é pressionado.
- Ficamos menos suscetíveis ao estresse e à fadiga.
- Somos capazes de agir com mais flexibilidade, coragem e integridade em vez de sermos arrastados pelo momento.

Ofereço essas seis maneiras para ajudá-lo a compreender e a formar sua experiência interior enquanto exerce a liderança. No final, espero que você internalize essa nova mentalidade e desenvolva as capacidades associadas a cada uma delas, de maneira que com o tempo essas seis categorias se tornem cada vez menos importantes e você encontre o fluxo único da própria dança.

# CAPÍTULO 3
# Com autoconsciência

*A existência de crenças e pensamentos limitantes é uma boa notícia. Isso significa que a realidade, como a vivenciamos quando nos sentimos estressados ou com raiva, é mais maleável do que muitas vezes parece.*

Caitlin M. Frost
Facilitador e treinador, Harvest Moon Consultores

Como nós, mediadores do fogo cruzado, conseguimos evitar ser arrebatados pelo calor de um grupo? Ou, refazendo a pergunta, como minimizamos o calor que criamos para nós quando as interações no grupo tornam-se mais intensas ou pessoais? Este capítulo se fundamenta numa premissa muito simples: a autoconsciência é a base para as ações mais inteligentes. Quanto melhor observarmos nosso estado físico, mental e emocional, mais cuidadosas serão nossas respostas quando estivermos no meio do fogo cruzado. Em outras palavras, quanto mais intimamente conhecermos nossos botões emocionais, mais capazes seremos de agir por escolhas do que por impulso. E quanto mais formos capazes de reconhecer nossa forma de pensar habitual motivada pelo ego, mais provavelmente passaremos a agir e falar de modos que servirão ao grupo.

## Como nos queimamos?

Cada um de nós experimenta dois mundos. O primeiro é o mundo da realidade externa das coisas, pessoas e eventos que acontecem fora. O segundo é o mundo dentro de nossas cabeças, o reino interior de pensamentos, sentimentos, impulsos, inseguranças, atrações e aversões. Navegamos entre esses dois mundos todos os dias, fazendo transições fluidas e quase não percebemos que são reinos distintos. E ficamos em apuros quando nos esquecemos de que nossos pensamentos e nossas emoções são diferentes do mundo lá fora. Quanto menos conscientes estivermos de nosso mundo interior, mais suscetíveis estaremos de nos ver confinados ou varridos por nossas histórias – criadas por nós– e pelos sentimentos sobre o que acontece lá fora.

As emoções são um ativo sem o qual os seres humanos não poderiam sobreviver através dos tempos. Em face do perigo, as emoções produzem alterações no cérebro e no sistema nervoso autônomo que nos mobilizam a fazer o que for necessário para lidar com esse perigo. Tudo isso ocorre em uma fração de segundo, sem que precisemos pensar conscientemente sobre o que acontece.

Segundo o pesquisador Paul Eckman, os seres humanos têm "avaliadores automáticos", mecanismos que nos permitem esquadrinhar o nosso ambiente, de modo subconsciente e contínuo, em busca de eventos que aprendemos a associar às emoções – medo, tristeza, surpresa, alegria, raiva e assim por diante. Durante o curso de nossa vida, a mente cria um "banco de dados emocional de alerta", que contém uma lista sempre crescente de temas que orientam nossos avaliadores automáticos. Tais temas têm grande potencial de suscitar uma reação emocional, especialmente aqueles que foram estabelecidos por experiências vividas na infância[1]. São esses os botões ou gatilhos. Por exemplo, eu sofri *bullying* na escola e aprendi ao longo dos anos que um desses meus gatilhos é acionado quando as pessoas tentam impor autoridade sobre mim. Se meus avaliadores automáticos sentem o menor sinal de que eu possa vir a ser encostado contra a parede (seja em termos físicos ou psicológicos) por alguém com mais poder que eu, fico propenso a reagir com medo ou de modo agressivo. E precisei aprender durante a vida adulta que essa resposta não serve nem para mim nem para o grupo.

## COMO OS PENSAMENTOS E AS EMOÇÕES PODEM NOS DEIXAR EM APUROS

Nossa capacidade de varrer o ambiente e instantaneamente mobilizar respostas emocionais e neurológicas funciona maravilhosamente bem se precisarmos escapar de um tigre-dentes-de-sabre ou de um ônibus desgovernado. Mas, como Eckman salienta, nossas emoções trazem-nos problemas de três maneiras[2]. Primeiro, podemos sentir e mostrar a emoção adequada, mas em uma dimensão desproporcional ao que a situação exige. Por exemplo, teremos razão em nos sentir frustrados com um grupo que se desvia do rumo, mas se a nossa frustração aumenta e se transforma em raiva, será uma reação contraproducente.

Em segundo lugar, podemos sentir uma emoção adequada, mas, então, demonstrá-la de forma errada. Por exemplo, ficar ansioso porque resta muito pouco tempo para a reunião acabar pode ser justificado, mas se expressarmos essa ansiedade interrompendo as pessoas no meio da frase será pouco útil.

Terceiro, podemos sentir uma emoção totalmente inadequada, com base em um botão sensível que julgamos pressionado ou em uma percepção errônea. Nesse caso, o problema não é que ficamos muito irritados ou que demonstramos nossa ansiedade de uma forma errada. O problema é que não há causa real para ficarmos nervosos ou ansiosos. Simplesmente sentimo-nos acionados quando não precisávamos ser.

Eu me permiti ser desnecessariamente acionado dessa forma há muitos anos, quando trabalhei com Elizabeth Glazer, que em meio à própria batalha contra a Aids foi a cofundadora da Pediatric Aids Foundation. Quando cheguei a uma reunião com os outros três cofundadores, avisaram-me que o horário e o local da reunião haviam sido mudados. Senti-me imediatamente ressentido por esperarem até o último minuto para me informar. Disse a mim mesmo: "Eles agem sem consideração e não dão valor aos serviços gratuitos que ofereço". Aparentemente, minha expressão facial contou tudo sem que eu dissesse uma única palavra, porque um dos cofundadores se inclinou em minha direção e sussurrou em meu ouvido: "A saúde de Elizabeth piorou, e precisaremos fazer a reunião na casa dela, ao lado da cama". Foi naquele dia que aprendi que tenho um botão relacionado a não ser apreciado pelos outros.

Quando nos encontramos em um forte estado emocional, procuramos por informações destinadas a confirmar, justificar ou manter essa emoção. Por exemplo, podemos sentir vergonha ao sermos criticados em público. Mesmo que algumas pessoas digam que fazemos um bom trabalho, temos dificuldade em integrar essas informações positivas. Porque é nesses momentos que sentimos com absoluta certeza que nossas interpretações negativas estão corretas e completas. Isto é o que os psicólogos chamam estado refratário. De acordo com Eckman, o estado refratário é uma condição em que nosso pensamento "não pode incorporar informações que não combinem com, que não mantenham ou justifiquem a emoção que sentimos"[3]. Se esse estado dura mais do que alguns segundos, ele distorce a maneira como percebemos o mundo e a nós.

Larry Dressler

## AS CONSEQUÊNCIAS DE SER EMOCIONALMENTE ACIONADO

Esse acionamento emocional acaba minando a nossa capacidade de manter o espaço da reunião com integridade. Aqui estão listadas as consequências mais comuns quando um botão emocional é acionado:

- Quando ficamos presos a uma determinada emoção, tornamo-nos menos capazes de acessar os nossos recursos pessoais – nossos conhecimentos, habilidades e criatividade – que, de outra forma, estariam disponíveis se não estivéssemos em um estado de pronta resposta.

- Quando estamos tomados por uma forte emoção, nossa forma de ver as coisas se torna muito tendenciosa. Interpretamos o que acontece de acordo com a maneira como nos sentimos e, ao mesmo tempo, tendemos a ignorar qualquer informação que não se encaixe com o nosso estado emocional.

- Em meio a uma forte reação emocional, nossa preocupação primária será restaurar nosso conforto. Neste estado, fica difícil estender a compreensão e a compaixão aos demais.

- Mesmo depois de perceber que entendemos errado uma situação e que não há necessidade de ser emocional, a emoção muitas vezes persiste. A dinâmica de uma forte emoção pode nos afastar da imparcialidade e nos jogar novamente no meio do processo de criar histórias.

O objetivo da autoconsciência não é reprimir as emoções quando formos acionados em nossos gatilhos. É por meio dela que reconhecemos que a limitação de narrativas interiores e a de nossos sentimentos são processos normais, mas nem sempre se concretizam como partes úteis de nós. E é nesse momento de reconhecimento que podemos criar um espaço para que a escolha aconteça. Esse espaço permite-nos analisar nossas interpretações e reações, respirar profundamente e considerar formas alternativas de resposta que têm mais integridade para nós e que apoiem de modo mais eficaz a finalidade da reunião.

## O QUE SIGNIFICA ESTAR NO MEIO DO FOGO CRUZADO COM O AUTOCONHECIMENTO?

Imagine-se diante de um espelho de corpo inteiro, fazendo um balanço do que vê. Agora existem duas versões de si. Um *eu* observa, e outro *eu* é observado. A única finalidade do observador é estudar o outro com o objetivo de compreender padrões e motivos e tornar-se autoconsciente.

Sem autoconsciência, vivemos em um mundo onde tudo que vemos, pensamos e sentimos torna-se uma verdade incontestável. Sem autoconsciência, cada escolha é tolerada e cada ação, justificada. Para algumas pessoas, andar pelo mundo sem autoconhecimento pode ser uma forma de felicidade ignorante. Mas, para os líderes, é uma forma debilitante de cegueira, que causa sofrimento a eles e àqueles com quem trabalham.

Cada vez que um de nossos botões for acionado, toda vez que nos percebermos presos a algo, resistentes em receber *feedbacks*, sendo duramente críticos ou sentindo-nos fisicamente desconfortáveis, é preciso prestar atenção: isso é um convite para ficarmos na frente do espelho. Certa vez, trabalhando como facilitador em uma reunião da diretoria de uma associação da indústria, o conselho deliberava se mantinha a feira em Nova York, onde já se realizava há muito tempo, ou se mudava para uma localização mais central e mais acessível em termos comerciais. A reunião já estava pela metade quando as portas da sala de reunião se abriram e entrou o prefeito de Nova York, acompanhado por uma comitiva de quinze pessoas, entre as quais guarda-costas e membros da equipe econômica. Aquilo foi uma completa surpresa para todas as pessoas presentes, especialmente para mim. Fui solicitado a me sentar enquanto o prefeito fez um discurso de vinte minutos ao grupo, explicando os motivos pelos quais a feira deveria continuar sendo realizada em Nova York. Fiquei intimidado e respeitoso e literalmente não consegui falar. Permaneci sentado e em silêncio, até que fui aconselhado a continuar mediando a reunião. Nenhum outro prefeito de outra cidade teve oportunidade de falar com os membros do conselho antes de a decisão ser tomada, por isso sempre acreditei que esse momento deu uma enviesada no processo, o que o tornou injusto.

Quando revejo esse momento, consigo perceber como meu padrão de deferência à fama e ao status pode prejudicar minha capacidade de agir a serviço dos propósitos de meu cliente e a serviço de meus valores, que se referem a criar um "jogo mais justo". Se eu tivesse mais autoconsciência, poderia reconhecer quanto me sentia intimidado, alertar as pessoas sobre o que acontecia e rapidamente me reunir com os membros da diretoria para discutir as implicações da apresentação imprevista do prefeito. O tempo que dediquei para refletir sobre esse padrão deu-me a capacidade de reconhecê-lo mais rápido quando ele começa a se manifestar.

Meu "botão de respeito à fama e ao status" ainda existe, mas minha consciência sobre ele o deixou menos poderoso.

## Que capacidades devemos cultivar para estarmos com autoconsciência?

Cada instante dentro do fogo cruzado é um instante de aprendizado – se nos colocarmos defronte ao espelho. Mas como nos mantemos alertas para nosso estado físico, mental e emocional durante os momentos de alta temperatura nas reuniões? As capacidades que nos permitem manter um elevado nível de atenção, momento a momento, são: *auto-observação, sentir o corpo todo* e *processo reflexivo*.

### AUTO-OBSERVAÇÃO

O que você aprendeu a observar ao longo de sua carreira profissional com os grupos? É possível que você possa recitar inúmeras dimensões das dinâmicas de grupo. É provável que saiba o que ver e ouvir nos diferentes comportamentos de um membro do grupo. Mas e você? Em que medida analisa os fluxos e refluxos dos próprios pensamentos e sentimentos?

A capacidade de auto-observação envolve fazer um recuo e observar-nos de maneira sistemática, assim como fazemos com os grupos. A auto-observação requer que façamos uma pergunta básica: O *que acontece comigo?* O objetivo dessa pergunta é dar nome aos pensamentos e sensações que permeiam apenas a periferia de sua consciência, mas causam um impacto na maneira como você se mostra no trabalho. Quando fizer essa pergunta, poderá ao mesmo tempo olhar uma variedade de dimensões do *eu*.

**Pensamentos conscientes.** Estes são os pensamentos em relação aos quais estamos total ou parcialmente conscientes. Ao observar os pensamentos conscientes, pode ser especialmente útil identificar as crenças limitantes e as histórias que carregamos conosco. O líder e consultor Peter Block descreve tais crenças como indutoras de "medo, separação e culpa"[4]. Os exemplos disso são:

*Eu sei mais.*
*Meu trabalho é controlar esta reunião.*
*Eles são culpados por essa bagunça.*
*Se não conseguir atingir o objetivo da reunião, a culpa é minha.*
*Ele não devia ser tão emotivo.*

São desse tipo os pensamentos que compõem nosso diálogo interno e formam uma parcela significativa da lente através da qual vemos a nós e ao mundo. Nomear esses pensamentos por meio da auto-observação é o primeiro passo crítico para analisar o impacto e fazer escolhas mais conscientes.

**Pensamentos subconscientes.** Temos segredos até para nós... Uma das dimensões do subconsciente que exerce um impacto particularmente forte sobre os líderes é o que Carl Jung chamou de *sombra*. As crenças da sombra relacionam-se a deficiências reprimidas, renegadas ou não resolvidas, e às motivações que todos carregamos conosco. Por exemplo, as crenças da sombra podem ser algo como *Eu não sou bom o suficiente* ou *Preciso estar certo o tempo todo*. Uma maneira de observar a sombra é perceber as coisas que não estamos dispostos a dizer na primeira pessoa (*Estou com medo*). Em vez disso, podemos afastar a sombra ou projetá-la na segunda pessoa (*Eu não estou com medo, mas você com certeza está*), ou ainda na terceira pessoa (*O mundo é um lugar assustador*). Dar voz a nossas sombras é um aspecto importante da autoconsciência e o primeiro passo para transformá-las.

**As emoções e os botões ou gatilhos.** A finalidade de observar nossos padrões emocionais é "mapear" nossos botões ou gatilhos. À medida que aprendemos a nos familiarizar com a paisagem de nossas emoções, tornamo-nos mais capazes de antecipar quando seremos arrastados para uma resposta reativa. E quando aprendemos a respeitar e a dar nome às nossas emoções, também nos colocamos em uma posição mais vantajosa para difundir ou redirecionar a energia emocional que se prendeu a nós. O exercício no final deste capítulo é uma prática bastante útil para identificar os gatilhos pessoais.

**Humores.** Embora as emoções tenham a tendência de ir e vir em minutos ou segundos, os humores são mais duradouros e tendem a ser mais suaves do que as emoções. Alguém que esteja com um humor sombrio pode se mostrar triste quase o tempo todo. Alguém que seja hostil pode se mostrar zangado por longos períodos. O estado de espírito negativo distorce nossos pensamentos: fica mais difícil controlar aquilo que fazemos. Mas ser capaz de identificar um estado de espírito atuante é o primeiro e principal passo para minimizar qualquer impacto negativo que o nosso humor possa exercer em nosso trabalho.

**Atrações e aversões.** Os seres humanos querem maximizar as coisas que lhes dão prazer e minimizar aquelas que causam desconforto ou dor, tanto no sentido psicológico quanto físico. Nossas atrações e aversões trabalham em nós o tempo todo. Elas dão cor ao que vemos e ao que sentimos. Por exemplo, aprendi ao longo dos anos que sinto grande prazer com os elogios que recebo dos participantes das reuniões. Mas também sei que preciso tomar cuidado para que tantos elogios não me seduzam a ponto de fazer escolhas pobres quanto às facilitações.

Da mesma forma, preciso tomar cuidado adicional para que, quando as coisas não correrem bem e não houver elogios à vista, eu não me distraia ou fique ressentido. Quanto mais aptos estivermos para citar nossas fontes de atração e de aversão, menos vulneráveis estaremos para ser queimados por elas.

A auto-observação exige que aprendamos a nos distanciar de nossos pensamentos e emoções – a dar alguns passos para trás na frente do espelho para que tenhamos uma visão mais clara, mais completa do que acontece. Embora nunca possamos alcançar uma objetividade e um deslocamento completos a respeito de nossos pensamentos e emoções, há um grande valor e importância em cultivar a capacidade da auto-observação.

Ao mesmo tempo que nos tornamos observadores qualificados de nós e aprendemos a denominar pensamentos e emoções contraproducentes, devemos fazer isso com leveza. Queremos evitar o padrão agressivo de "nomear e culpar", e em vez disso, devemos aplicar certo grau de compaixão no processo de auto-observação. As capacidades específicas relacionadas com a compaixão pelo *eu* serão discutidas mais profundamente no Capítulo 8.

### SENTIR O CORPO TODO

Quando nosso gatilho é acionado, a reação se mostra primeiro em nosso corpo. Por esse motivo, as reações físicas podem conter informações importantes. Emoções específicas geram padrões específicos de sensações. E tais reações somáticas são visíveis antes mesmo de a emoção se mostrar.

Embora a auto-observação seja uma capacidade baseada na cognição, a sensação corporal completa é sensorial. Ao longo dos anos, acabei reconhecendo meus "sinais de alerta precoces" como indicadores de que um botão emocional foi acionado. E conforme passava a conhecer melhor meu corpo, aprendia a associar certas sensações a determinadas emoções em particular. Por exemplo, reconheci que meus músculos da mandíbula apertam quando sinto raiva ou estou ressentido. Aprendi que meu discurso fica mais rápido quando me sinto estressado ou impaciente. Meu rosto fica corado e quente quando me sinto envergonhado. Esse tipo de percepção me dá a oportunidade de "ver" o que acontece com alguma antecedência, o que é suficiente para que eu possa escolher o que fazer com aquela emoção.

O corpo pode ser um aliado e um professor. Ele possui a própria sabedoria, à espera de ser desbloqueada. No livro *The Anatomy of Change*, Richard Strozzi Heckler escreveu: "Trabalhar com o corpo é desenterrar uma sabedoria que é muitas vezes negligenciada e negada em nossa sociedade. Esta é a sabedoria do sentimento, da compaixão e da intuição"[5]. Nós precisamos apenas demonstrar mais curiosidade sobre nossas sensações físicas – para podermos investigar com mais regularidade aquilo que sentimos. À medida que desenvolvermos a capacidade de perceber o que acontece com as nossas sensações físicas, aprenderemos a reconhecer quando fomos – ou estamos prestes a ser – colocados em desequilíbrio. Podemos aprender a monitorar o padrão de respiração, os batimentos cardíacos, a temperatura corporal, a tensão muscular e muitas outras sensações. Práticas específicas para as sensações corporais estão detalhadas na Parte 3.

### PROCESSO REFLEXIVO

Recentemente, vi um adesivo num para-choque que dizia: "Não acredite em tudo que sua mente lhe diz". Nossas percepções e inferências são muitas vezes imprecisas – especialmente quando vivenciamos um acontecimento incômodo ou uma intensa emoção. O processo reflexivo envolve colocar luz sobre nossas crenças e pressupostos e examiná-los, fazendo perguntas como: *Esta é a única maneira de ver as coisas?* ou *O que esta crença ou emoção pode trazer para minha vida?* Compreender que nosso modo de ver as coisas é apenas um entre muitos outros pontos de vista é uma qualidade essencial do autoconhecimento de um mediador de fogo cruzado.

Nós precisamos de uma forma para inspecionar os nossos pensamentos e avaliar a validade e utilidade deles em determinado momento. Escritores como Byron Katie e Marilee Adams desenvolveram práticas muito úteis para auxiliar o processo reflexivo. E no cerne dessas práticas está a autoinvestigação – fazer perguntas que são destinadas a confirmar a verdade e a utilidade das histórias que nos contamos. Essa autoinvestigação é uma das práticas examinadas no Capítulo 9.

O processo reflexivo nos auxilia a verificar a exatidão de nossas percepções limitadas e interpretações e a explorar formas alternativas de enxergar qualquer situação. Sempre que me sinto muito certo em relação ao meu ponto de vista, tento imaginar uma daquelas pessoas realmente inteligentes que conheço e me pergunto: "Como Hal veria esta situação se ele enxergasse as coisas de um jeito diferente do meu?". Veja estas perguntas adicionais que podem nos auxiliar a examinar nossas inferências e percepções:

- Em relação a qual crença ou perspectiva (sobre os outros, sobre mim, sobre a situação) eu me sinto ligado exatamente agora?

- Tal crença é apoiada pelos fatos?

- Será que esses fatos apoiarão outras formas de ver a mesma situação?

- Quais as implicações se isso for verdade? E o que poderá significar para mim se não for verdade?

- Qual é a minha motivação para que eu esteja certo sobre isso?

- De que maneira essa crença fortalece ou prejudica a minha capacidade de me apresentar em minha melhor forma?

- De que forma essa crença me permite auxiliar o grupo a alcançar o próprio objetivo?

Além de questionar nossas inferências e percepções, podemos ainda utilizar o processo reflexivo para contestar ou não a pertinência de uma emoção, a intensidade dessa emoção e a forma como ela pode ser expressa. Podemos então fazer algumas perguntas para aumentar e ampliar nossa consciência quando formos provocados, entre elas:

- O que causou esta emoção em mim?

- Que história contei a mim para justificar ou manter essa emoção?

- Realizo neste momento as necessidades do grupo ou as minhas?

- Se estar neste estado emocional não serve para o grupo, o que impede que eu tome uma atitude em relação a isso?

- Quando me encontro neste estado emocional, quais de meus dons são negados ao grupo?

Larry Dressler

Nossa capacidade de dar nome a certos pensamentos e sentimentos quanto ao que são, de reconhecer as sensações corporais como indícios precoces do que poderia acontecer e nossa habilidade para "investigar" as histórias que inventamos em nossas mentes é o que nos permite estar presente com autoconsciência.

### O QUE MUDA QUANDO ESTAMOS NUM ESTADO DE AUTOCONSCIÊNCIA?

Aprender a estar com autoconsciência estabelece as bases para as outras maneiras de ficar no meio do fogo cruzado e resistir a ele. Uma vez que temos mais conhecimento sobre a ligação mental e emocional, isso traz novas fontes de influências positivas para o trabalho de liderança. Nossa conexão com as outras pessoas é reforçada, a desenvoltura se amplia e conseguimos manter a neutralidade com muito mais facilidade.

### CONEXÃO

A autoconsciência nos familiariza com as muitas facetas de nós, e nos ensina a ser mais compassivos com o nosso lado sombra. Desde que ficamos mais perspicazes em relação a nossas crenças limitantes, e como podemos ser emocionalmente acionados, chegamos a sentir mais empatia pelos outros no momento em que eles também lutam com as mesmas crenças e emoções limitadoras. E enquanto a autoconsciência se amplia, chegamos à percepção de que todos lutamos contra aquilo que significa se comportar como um ser humano, e essa percepção faz fluir um maior sentido de compaixão e de conexão com os outros. Enquanto nossa autoconsciência se afina mais com o mundo, também aumentamos nossa capacidade de nos sintonizar com os indivíduos e a coletividade, estendendo a mesma compaixão e gentileza a eles, do mesmo modo que fazemos por nós.

## DESENVOLTURA

Como mediadores de reuniões que alcançam altas temperaturas, precisamos saber fazer as melhores escolhas em nome do grupo ao qual servimos. Quando vivemos na ilusão de que nossas crenças e histórias pessoais são verdadeiras, vivemos num mundo de poucas possibilidades. Quando emoções como o medo, a raiva e o desespero tornam-se as lentes através das quais enxergamos uma determinada situação, vemos apenas aquilo que suporta essas emoções. Nesse estado de pouca autoconsciência, agimos como um artista que pinta as próprias telas com apenas uma cor. Já que a autoconsciência remove os obstáculos mentais e emocionais do que vemos, ela acaba aumentando a capacidade de acessar a plenitude de nossa sabedoria e de nossa criatividade. A autoconsciência oferece-nos uma ampla variedade de cores – de escolhas e de possibilidades – com as quais podemos desenhar.

## NEUTRALIDADE

Haverá momentos no meio do fogo cruzado em que as pessoas precisarão confiar em nossa imparcialidade. Quando podemos trazer a imparcialidade para a sala de reuniões, os outros podem relaxar e sentir-se mais confiantes em que diferentes perspectivas e pontos de vista serão bem-vindos. Mas quando somos aprisionados por uma forte emoção, por crenças limitadoras ou vemo-nos presos ao ego, perdemos a neutralidade. E no momento em que uma dessas vulnerabilidades nos supera, temos a tendência de focalizar a atenção em restaurar o conforto próprio ou validar nossa visão do mundo. Embora talvez nunca seja possível alcançar a total objetividade, colocar-

Larry Dressler

mo-nos em frente ao espelho representa nosso compromisso de monitorar continuamente se nosso estado físico, mental ou emocional de algum modo obscurece nossa visão.

Manter-se em autoconsciência significa engajar-se num estado de alerta momento a momento, monitorando as maneiras pelas quais nosso ego, nossos padrões habituais de pensamento e nossos gatilhos emocionais conspiram para nos arrastar para a espiral descendente de um grupo em estado de aflição e desespero. Quanto mais eficazes nos tornarmos em observar nosso estado físico, mental e emocional, mais atentos estaremos quanto às respostas que daremos em cada instante. Essa postura de autoconsciência nos faz capazes de identificar nossas interpretações e sentimentos sem precisar tomar medidas quanto a eles. A autoconsciência leva-nos a tomar uma decisão da qual todas as outras maneiras de ficar no meio do fogo cruzado dependem: *Devo seguir a energia da autoproteção e de "bater ou correr", ou devo criar a energia da ação deliberada?*

### QUESTÕES PARA REFLEXÃO

- Quando você observa que se sente impaciente ou desconectado, quais são as crenças pessoais que estão em ação?

- Sobre quais crenças da sombra, subconscientes, você tomou conhecimento ano passado? Que impacto tiveram sobre o trabalho com os grupos?

- Quais são as sensações físicas que seus "sinais de alerta precoces" causam quando há a possibilidade de que tenha sido provocado emocionalmente durante uma reunião? O que esses sintomas indicam que você pode sentir?

- Quais as primeiras experiências em sua vida que o deixam particularmente vigilante (mesmo inconscientemente) e podem ser facilmente desencadeadas por determinada dinâmica de grupo ou pelo comportamento de um membro do grupo?

## TENTE ISTO

Faça uma lista dos tipos de pessoas, acontecimentos ou situações que desencadeiam uma forte reação emocional em você. Descreva o evento que precipitou a situação, a emoção que é acionada dentro de você e os comportamentos que você está propenso a adotar quando age sob o efeito dessa emoção. Ao lado de cada botão – ou gatilho – faça uma anotação descrevendo as crenças que dão apoio a essa resposta emocional. Rememore as experiências passadas durante as quais a crença que justifica seu comportamento foi desenvolvida ou reforçada. Por último, identifique formas alternativas de interpretar o evento que desencadeou tudo e que possam resultar em uma resposta emocional diferente. Aqui está um exemplo:

*Evento precipitador*: um participante da reunião chora.

*Minhas emoções*: tristeza, vergonha e ansiedade.

*Crenças que justificam as emoções*: as lágrimas sempre significam sofrimento. As lágrimas são o abandono de um processo racional. É minha responsabilidade prevenir ou impedir o sofrimento e irracionalidade.

*Comportamentos quando atuo sobre a emoção*: tento fazer a pessoa sentir-se melhor, dando-lhe simpatia. Passo a fingir que nada acontece e sigo em frente com a reunião. Pergunto para a pessoa que chora se ela quer fazer uma pausa.

*As experiências formadoras:* os pais não aprovavam o choro ou outras formas de expressar emoções. Quando chorava na classe, as outras crianças riam. Há a mensagem social de que os homens devem acudir as mulheres que choram e fazê-las se sentir melhor.

*Interpretação alternativa:* Esta é uma pessoa capaz, que sente uma emoção muito forte. As lágrimas significam que isso deve ser muito importante para ela.

# CAPÍTULO 4
# Aqui e agora

*É quase como se eu estivesse em um estado alterado de ser. Estou tão em sintonia com o grupo que minhas opiniões pessoais e meus pensamentos, meu diálogo interno, ficaram em completo silêncio.*

Sera Thompson
Facilitadora de processos

O trabalho de liderar grupos por terrenos pantanosos pode ser algo muito opressivo. Os eventos acontecem rapidamente. As vozes elevam-se. É fácil sentir-se inundado por isso. Nossos pensamentos podem começar a vagar: *O que acabou de acontecer?* ou *O que acontecerá agora?* Quando percebemos, não participamos mais da reunião.

Desse modo, como podemos permanecer no momento presente, evitando a distração causada por pensamentos do passado ou do futuro? Se estamos presentes, isso nos conecta a nós e ao que acontece à nossa volta. Isso prepara o terreno para que possamos ver a situação com outros olhos, para fazer escolhas que não sejam cobertas pela emoção e para sentirmos a verdadeira calma no meio da tempestade. Quando somos capazes de aproveitar nosso *eu* presente, realizamos os contínuos ajustes necessários para colocar toda a nossa atenção no aqui e no agora. E aprender a estar presente no meio do fogo cruzado começa com a aceitação da ideia de que o único local de onde podemos influenciar o futuro é aqui, no momento presente.

## Como nos queimamos?

Nosso cérebro produz milhares de pensamentos por dia. Se dedicar algum tempo para analisar os próprios pensamentos, verá que muitos deles estão ligados a algum arrependimento por um evento passado ou a preocupações quanto ao futuro.

E nos vemos em apuros quando nos identificamos demais com esse tipo de pensamento ou de emoção. Nossa mente trabalha implacavelmente para nos convencer de que nossos arrependimentos e preocupações são legítimos. Quando somos levados por tais arrependimentos, enfraquecemos nossa capacidade de estar presentes com uma intenção transparente e a serviço do grupo.

### ARREPENDIMENTOS DO PASSADO

Quando as coisas não correm conforme o previsto, fica muito fácil se concentrar naquilo que poderíamos ou deveríamos fazer se tivéssemos um pouco mais de habilidade ou visão. Tais lamentos chegam de muitas formas e nossos entrevistados mencionaram os dois mais comuns:

> *Eu deveria prever que esse problema surgiria, e agora isso perturba a reunião.*
>
> *Um líder mais competente gerenciaria o momento de uma forma diferente do que fiz.*

Quando nossos pensamentos sobre o passado acionam o gatilho da decepção e da culpa, passamos a viver no passado, e é bem provável que esse tipo de energia não tenha nenhum impacto positivo sobre o grupo.

O passado pode nos ensinar lições importantes, mas os pensamentos e reflexões sobre ele serão úteis apenas na medida em que possam ser aplicados na situação atual. Por exemplo, posso observar que os membros do grupo sempre ficam ansiosos quando o tema dos recursos financeiros da empresa vem à tona. Isso aconteceu em duas outras reuniões, e percebo que acontece novamente. Posso lamentar que aconteça, ou então reconhecer o padrão e tentar auxiliar o grupo a superar esse nervosismo.

## PREOCUPAÇÃO COM O FUTURO

Quaisquer pensamentos sobre o futuro que não reforcem nossa capacidade de estar a serviço do grupo são prejudiciais. Quando nos colocamos adiante de nós, tentando prever o que acontecerá, ficamos longe do presente – o único lugar de onde podemos realmente exercer uma influência positiva. Eis um exemplo disso, fornecido por um líder que entrevistamos: "Enquanto a força-tarefa continuava naquele impasse, pude perceber que o grupo não conseguiria alcançar o que esperávamos durante aquela reunião. Minha mente começou a vagar ansiosamente sobre como esse acontecimento poderia afetar as futuras reuniões e minha credibilidade como mediador"[1]. Preocupações como esta retiram-nos do presente e aprisionam-nos em um mundo que não existe hoje, e pode nem existir.

## O IMPACTO DE ESTAR AUSENTE

Quando nossos pensamentos transportam nossa consciência para o passado ou para o futuro, não podemos mais servir ao propósito do grupo – manter um espaço aberto para deliberações produtivas, para a colaboração e o compromisso comuns. Nesse estado de distração, estamos menos equipados para nos transformar em um instrumento de mudança.

Estamos menos atentos ao que acontece, menos flexíveis em nossas respostas e menos fundamentados em relação a nossos próprios objetivos. É um estado que nos deixa mais suscetíveis a agir impulsivamente com relação a arrependimentos ou preocupações e, portanto, há mais chance de mostrar-nos ansiosos ou agressivos. Isto pode minar a sensação de segurança do grupo, bem como a visão de que somos parceiros confiáveis. Além disso, nossas preocupações podem se espalhar como um vírus no campo emocional do grupo. Como vimos antes, nosso estado emocional exerce um forte impacto sobre os outros, por causa do papel que desempenhamos.

## O QUE SIGNIFICA ESTAR PRESENTE NO AQUI E AGORA?

Como adultos, de vez em quando temos vislumbres do que significa estar verdadeiramente presente no momento. Esse tipo de presença pode acontecer em momentos de grande alegria – quando uma música ou o pôr do sol nos emociona – e também em momentos de grande tristeza – por exemplo, quando estamos ao lado da pessoa amada durante as horas finais dela, vivendo cada momento que pode ser o último.

Estar presente no aqui e agora significa estar simultaneamente relaxado e totalmente desperto. Quando estamos presentes, vemo-nos em total conhecimento do fluxo dos eventos conforme eles aparecem, momento a momento. Temos um profundo sentido de foco e uma visão ampla. O tempo parece andar mais devagar e não existe mais nada além do "agora".

Na prática do tai chi, uma das primeiras posições que o aluno aprende é o *wu chi*, que, de acordo com a instrutora Linda Myoki Lehrhaupt, pode ser traduzido como "a mãe de todas as possibilidades"[2]. Nessa posição, a pessoa está em repouso e em silêncio, mas completamente alerta e pronta para o que estiver prestes a acontecer. Estar no aqui e agora cria essa disponibilidade.

É impossível estar presente o tempo todo. Estar aqui e agora é mais como sair continuamente dos pensamentos acerca de passado e futuro para retornar ao presente. Minha experiência com uma organização de rabinos demonstra como essas reuniões de alto teor combustível trazem a cada momento desafios para nos manter presentes. O grupo fora convocado para discutir um tópico extremamente emocional – o casamento entre pessoas de raças e credos diferentes. Uma tentativa realizada 25 anos antes para abordar o tema fora considerada por muitos um completo fracasso, fragmentara a classe e levara o tópico para a classe dos assuntos "que não se devem discutir".

Eu sabia que haveria uma boa dose de ansiedade e ceticismo durante a primeira reunião. Também sabia que, por ser um judeu casado com uma não judia, mediar tal deliberação de alto nível sobre esse tipo de tópico seria um momento recheado de gatilhos emocionais para mim.

Em determinado momento do encontro inicial, o debate tornou-se intenso. Alguns dos rabinos se levantaram, fizeram discursos apaixonados e assumiram posições inflexíveis. Durante esses momentos, eu me preocupei: "Este processo se transformará em outro debate desagradável sobre o certo e o errado". Percebi que levava a mal as pessoas que faziam os discursos e senti os músculos em minhas mãos se apertando ao redor dos marcadores do quadro. Então, lembro-me de dizer a mim mesmo: "Larry, este é o segundo dia de um processo de três anos. Esteja com eles agora e respire fundo".

Algumas vezes, o melhor a ser feito é voltar nossa atenção para o presente, lembrando-nos de que o que já ocorreu não pode ser revertido e de que o que pode vir a ocorrer no futuro ainda não ocorreu. A única coisa real é o que acontece agora, de modo que aqui é onde precisamos estar.

### Quais habilidades devemos cultivar?

Podemos cultivar um certo número de capacidades que nos auxiliem a firmar e afirmar nossa presença a cada momento. As primeiras dentre todas são a *atenção* e a *quietude*, especialmente quando a fuga para os pensamentos do passado ou do futuro representam uma reação-padrão familiar e cômoda.

### ATENÇÃO

A atenção é a capacidade de perceber simultaneamente o que surge dentro de nós e à nossa volta. O segredo para a atenção é assumir esta ideia simples mas poderosa: *Eu não sou meus pensamentos e emoções.*

O que pensamos e como nos sentimos, a qualquer momento, não representam quem somos, mas a mente prega-nos peças e tenta persuadir-nos a agir em relação a nossas preocupações e arrependimentos. Como o mestre espiritual Eckhart Tolle escreve: "A compulsão surge porque o passado dá-lhe uma identidade e o futuro mantém a promessa de salvação, ou de realização de uma forma qualquer. Ambos são ilusões"[3]. Ele ressalta que os lamentos pelo passado e as ansiedades quanto ao futuro são construções sedutoras da mente. Todos desejamos estar "certos" sobre o passado e todos ansiamos por um futuro no qual o sucesso e a satisfação estejam garantidos. Mas quando nos demoramos em nossas lembranças e preocupações, não fazemos o trabalho para o qual fomos chamados.

A atenção permite-nos ficar de olho em nosso palavreado interno, que mina nossa capacidade de operar no aqui e agora.

Quando atendemos a nossos estados mentais e emocionais, tomamos as medidas e os cuidados necessários para monitorar o que acontece dentro de nós. Assim, ao percebermos a ansiedade surgir, poderemos perguntar: "O que acontece comigo agora?". Essa pergunta poderia auxiliar-nos a localizar nossa preocupação sobre o caminho que a reunião toma. Desse modo, poderíamos reconhecer a preocupação sem lhe dar o poder emocional de uma previsão negativa.

Da mesma forma, poderemos observar uma sensação de impaciência ou decepção.

Mais uma vez, isso envolve perguntar: "O que acontece comigo agora?". Uma breve análise pode auxiliar a perceber que lamentamos uma escolha que foi feita no início da reunião e que agora tem um impacto sobre a evolução do grupo. Basta identificar esse pensamento e isso quase sempre permite superar o clima de decepção. Uma vez que aprendemos a reconhecer o excesso de atividade de nossas mentes, especialmente o palavreado negativo, podemos passar a acalmar o diálogo interno que não nos serve para nada. Não paramos de pensar. O que acontece é que conseguimos localizar o botão de volume do cérebro e aprendemos a regulá-lo.

Esta é a mágica da atenção: assim que você percebe que não está no presente, você está! Prestar atenção é o ato, momento a momento, de acordar e despertar para o que acontece agora. A percepção de que se afastava em um mau pensamento sobre algo que acabou de ocorrer ou assustado com algo que poderia vir a acontecer em seguida traz sua mente, seu coração e seu corpo de volta ao agora. Aprendemos essa lição com a história de William Ury. Na reunião com os líderes palestinos, ele foi capaz de identificar as preocupações sobre o possível "enterro" do projeto Caminho de Abraão. Estar presente a uma narração real mas não tão útil capacitou-o a evitar agir conforme seus medos e, ao contrário, a perguntar-se: "O que é necessário agora?".

A atenção liberta-nos desses roteiros-padrão de autodefesa e permite-nos fazer escolhas, inclusive a opção de não fazer nada. E isso leva-nos à nossa segunda habilidade.

## QUIETUDE

Neste mundo de hiperatividade, é difícil manter a quietude e a tranquilidade. Muitas vezes ocupamos nossas mentes com críticas e previsões para reassegurar-nos de que temos alguma ação sobre as coisas. Da mesma forma, preenchemos o silêncio com falatório a fim de demonstrar aos outros que estamos na liderança. Durante um *workshop*, um gerente aproximou-se de mim e disse: "Se não falo, não lidero". Esta é uma crença generalizada nas empresas atualmente. Embora as críticas incessantes, preocupações e conversas possam nos fazer ter a sensação de fazer nosso trabalho, podem minar nossa capacidade de estar presente no aqui e agora.

Como facilitadores, fomos treinados para ouvir. Contudo, diante de uma situação acalorada, nossa primeira reação é dizer: "Diga algo, faça algo!". Nessas situações, a opção de não fazer ou dizer algo é radical. O desafio da quietude é resistir ao impulso de agir sob efeito dos medos, dos arrependimentos e das previsões negativas que podem surgir. Algumas vezes, a não ação vem na forma de uma pausa momentânea, uma espécie de checagem sobre o que acontece interna e externamente. Esse momento de calma é um bom momento para se perguntar: "O que realmente acontece agora? Como posso manter um espaço para que esta conversa se desenrole bem?". Já em outras situações talvez seja melhor optar por ficar em silêncio por alguns minutos, quem sabe por horas.

Ficar em quietude e calma, não tomar o controle nem impor a própria vontade para o grupo, pode lhe permitir desempenhar o papel de testemunha. Nesse papel, você poderá criar valor para um grupo que se desentende. Por exemplo, em um seminário sobre diversidade que monitorei há muitos anos, uma das participantes brancas fez um comentário que revelou algumas suposições bastante racistas. No momento em que ouvi as palavras saírem de sua boca, tive vontade de intervir imediatamente. Estava cheio de preocupação de que as outras pessoas na sala, em especial as negras, poderiam reagir raivosamente. Eu não queria permitir que as coisas saíssem de controle. No momento em que me debrucei sobre a mesa, minha parceira cofacilitadora, Carmen, que tinha muito mais experiência que eu, deu-me um olhar que carregava uma mensagem inconfundível: "Não faça nada, não diga nada! Fique quieto!". A primeira pessoa a responder foi um senhor negro, que se dirigiu à mulher diretamente e de forma respeitosa. Ele explicou como aquelas palavras o magoaram. A mulher branca ficou chocada ao saber que o que ela havia declarado como uma aparente verdade poderia ser algo doloroso e totalmente impreciso sob o olhar de outra pessoa. Ao perceber o impacto que as palavras dele tiveram sobre as outras pessoas na sala, ela começou a chorar e, em seguida, falou sobre a condição de ser criada no sul do país por um pai racista, cujo amor e aprovação sempre tentara conquistar ao repetir a opinião dele sobre tudo. Foi um poderoso momento de introspecção e de reconciliação. Carmen e eu apenas ficamos quietos, e nossa presença possibilitou que os membros do grupo fizessem o trabalho.

Ficar na presença de pessoas que passam por um momento de intensa raiva, medo, confusão ou perda pode ser comparado ao trabalho de uma parteira. Nossas ações nesses momentos importam muito menos do que nossa capacidade de nos mostrar como uma companhia cuidadosa e carinhosa e de acompanhar o grupo na jornada de descoberta. John Heider descreveu esse tipo de postura no livro *The Tao of Leadership* quando escreveu: "Você auxilia outra pessoa a nascer. Faça isso sem se mostrar e sem barulho. Facilite mais o que acontece do que aquilo que você acredita que deve acontecer. Se deve assumir a liderança, faça isso de modo que a mãe seja auxiliada e ainda assim se sinta livre e no controle. Quando o bebê nascer, a mãe corretamente dirá: 'Fizemos isso nós mesmos!'"[4]. A quietude é uma habilidade inestimável porque cria aquele estado de gravidez no grupo, do qual nascem novas possibilidades, que não existiriam se ocupássemos o espaço com palavras e ações.

## O QUE MUDA QUANDO ESTAMOS NO AQUI E AGORA?

Quando nos tornamos capazes de nos manter no meio do conflito, da confusão e de fortes emoções e de modo totalmente presente, trazemos diversos dons importantes para os que se desentendem.

### CALMA

Quando trabalhamos com o que acontece no momento, não há problemas que precisem ser corrigidos. No momento atual, temos escolhas sobre o que fazer ou não fazer. Não eliminamos as preocupações e as lamentações, mas comparecemos vigilantes para atender a nossos pensamentos e emoções descontrolados no momento em que ocorrem, e depois voltamos a entrar em ação. Essa liberação quanto a preocupações e arrependimentos cria uma sensação de calma. No momento presente, a raiva e o nervosismo desaparecem e incorporamos uma sensação de paz. Por intermédio de nossa capacidade de nos mostrar no aqui e agora com um sentimento de paz interior e de calma exterior, podemos auxiliar a criar um ambiente seguro, um espaço de cura para os demais.

## SENSORIAMENTO DE ALTA DEFINIÇÃO

Quando o nosso ver e sentir não são perturbados pelos truques da mente, vemos as coisas com maior definição e com maior visão periférica. Um grupo que luta para encontrar o próprio caminho tem muitas camadas a serem descobertas. A presença nos permite ver, ouvir e sentir o que acontece na sala por diferentes perspectivas e em diferentes níveis.

Quando conseguimos evitar ser capturados pelos altos e baixos de uma conversa de alto risco, nossa visão vê-se livre das névoas de pensamentos improdutivos. Ficamos sintonizados com o que acontece ao redor. Quando somos capazes de enxergar todas as cores e camadas do fogo cruzado, e sentir de onde emana o calor, temos ao nosso alcance um vasto leque de opções disponíveis.

> Estar no aqui e no agora é estar livre de pensamentos sobre o passado e o futuro. Quando nos vemos distraídos por decepções do passado ou preocupados com as previsões do futuro, sentimentos como tristeza, medo e ressentimento podem nos conduzir a agir de um modo prejudicial à nossa eficácia com o grupo. Para os que mediam o fogo cruzado, o único lugar de onde se pode fazer uma diferença positiva é aqui, e o único

momento em que exercemos um impacto que seja útil é o agora. Estar presente no aqui e agora diz respeito menos a estar no momento presente e mais a voltar continuamente para o presente, ao percebermos que os arrependimentos e as preocupações tentam comandar nossa consciência.

### QUESTÕES PARA REFLEXÃO

- Quando foi a última vez em que algo do passado se prendeu a você enquanto mediava uma reunião e despertou sentimentos de distração ou ressentimento? Qual o impacto que isso teve em seu estado emocional?

- O que mais o preocupa? Como sua mente legitima essa ansiedade sobre o futuro?

- Refletindo sobre seu corpo, quais são os sinais de alerta que identificam que você sente pesar, ressentimento ou preocupação?

- Como você sente a diferença entre o pensamento sobre o seu próximo passo em uma reunião e a preocupação de que algo ruim está para acontecer? E sobre a diferença entre refletir sobre o passado como sendo um professor *versus* prender-se na autocrítica ou culpa?

- Por que a quietude pode ser um desafio quando as coisas ficam quentes demais numa reunião?

### TENTE ISTO

Escolha um lugar, de preferência onde haja pessoas. Pode ser um café, um parque, um restaurante. Tente uma experiência de imersão com todos os cinco sentidos, buscando entender o que acontece nesse momento. Primeiro, exercite cada um de seus sentidos no espaço. O que você vê e ouve? O que você sente na superfície da sua pele? O que consegue cheirar e que sabor consegue sentir? Enquanto as ideias e interpretações do que acontece vierem à mente, simplesmente observe-as e mantenha sua atenção no presente.

Agora avalie se capta a energia emocional. Não tente analisá-la e nem defini-la. Apenas sinta o que está no ar. Como foi a experiência de mergulhar profundamente no momento? Foi difícil aquietar sua mente e apenas deixar seus sentidos viverem o aqui e o agora? Como isso pode auxiliar em seu trabalho de liderança e facilitação?

# CAPÍTULO 5
# Com a mente aberta

*Eu não ouço com a intenção de decidir se eles estão certos ou errados, mas tentando ver a forma como eles constroem o mundo.*

Roger Schwarz
Autor de The Skilled Facilitator

Este capítulo descreve a qualidade essencial da *receptividade*. Como é possível manter uma postura aberta e curiosa, especialmente quando observamos comportamentos e ouvimos pontos de vista que temos dificuldade de aceitar? Às vezes, o facilitador é a única pessoa na sala que não está fechada, que não rejeita formas alternativas de ver as coisas e não perde a esperança de conseguir o que poderia ser realizado. A nossa capacidade, como facilitadores, de manter a postura firme *de não saber* – mantendo o sentido de investigar, perguntar e de ser otimista – é o fato crítico que permite ao grupo superar o momento de angústia e de conflito.

### Como nos queimamos?

Seja como agente de mudança, anfitrião do encontro, negociador, consultor ou facilitador, trazemos conhecimentos sobre o assunto para a mesa. Na verdade, boa parte da nossa identidade está baseada no que estudamos a fundo e praticamos por muitos anos. Mas ser visto como a pessoa "que sabe" pode ser uma faca de dois gumes. Por um lado, podemos entrar numa sala com um sentimento de confiança naquilo que sabemos ser verdadeiro. Por outro, corremos o risco de nos investir tanto daquela autoimagem, que isso pode nos levar a uma falta de receptividade a outros pontos de vista.

Nós ocultamos nossa eficácia quando nos fechamos para outras verdades, seja porque elas são diferentes, seja porque entram em conflito com as nossas verdades. Minamos nossa capacidade de explorar a sabedoria do grupo quando acreditamos, consciente ou inconscientemente, que já "chegamos" ao nosso conhecimento, quando nós respondemos como se as nossas percepções, julgamentos e suposições fossem a única abordagem válida da realidade.

Uma parábola moderna ilustra esse ponto. Joe e Ethel estavam com oitenta anos e Ethel ficava preocupada com o fato de que Joe perdia a audição. Ethel sabia que Joe não aceitava se consultar com os médicos e que não marcaria uma consulta. Então ela foi visitar um médico e conversar sobre as preocupações. O médico então sugeriu que Ethel voltasse para casa e falasse com o marido de distâncias diferentes, para determinar a seriedade daquele problema de audição. "Depois que você tiver uma ideia da seriedade do problema, volte aqui e descobriremos o que fazer", disse o médico. Quando Ethel chegou em casa, sabia que Joe estava na oficina, do outro lado da casa. Então ela chamou: "Joe, o que você quer para o jantar?". Ela esperou, mas não obteve resposta. Ela caminhou até a sala de estar, mais próxima da oficina de Joe, e gritou: "Joe, o que você quer para o jantar?". Ainda nenhuma resposta. Ela fez isso mais duas ou três vezes, cada vez chegando mais perto de onde Joe estava. Por fim, logo na porta da oficina, Ethel perguntou em voz alta: "Joe, o que você quer para o jantar?". Joe virou-se para ela, já irritado, e respondeu: "Já lhe disse cinco vezes, eu quero frango!". O velho ditado dizia, "Ver para crer", mas às vezes acreditar é ver. Nós vemos apenas aquelas coisas que confirmam nossas crenças.

Sob o aspecto intelectual, a maioria de nós abraça essa qualidade de abertura do espírito como um pré-requisito fundamental para o exercício da liderança facilitadora. A maioria de nós diria: "Estou totalmente receptivo a outras perspectivas". Mas sei que quase todos poderiam apontar mais de uma vez para as ocasiões nas quais julgamos, rotulamos ou projetamos nossos preconceitos sobre as ideias dos outros, e muitas vezes entramos na defensiva quando nossa experiência ou pressupostos foram contestados.

## PENSANDO QUE SABEMOS

Nós fazemos essas coisas porque pensamos que já sabemos. Em outras palavras, alguma parte de nós julga que é mais importante estar certo do que ser eficaz. Na verdade, somos culturalmente programados desde uma idade precoce para valorizar a obtenção imediata de respostas, em vez de sair em busca de respostas. Neil Postman, educador e escritor, lamentou: "As nossas crianças entram na escola como pontos de interrogação e saem como pontos"[1]. Quando nos apresentamos com uma mente verdadeiramente aberta, nós nos tornamos pontos de interrogação novamente.

Ser receptivo requer uma disposição especial para dizer três palavras que, em muitas empresas, sinalizam um sinal de fraqueza: *Eu não sei*. Teste se você se sente confortável ao dizê-las em voz alta. Feche o livro por um momento e imagine que está no meio de uma reunião. Alguém olha para você e pergunta: "Quais são os próximos passos?". Agora, responda com essas palavras. O que você sente e percebe em seu corpo ao dizê-las? Como está sua postura? Como você julga que as outras pessoas o viram neste momento? Não é o que não sabemos que nos mete em encrencas. É o que nós pensamos que sabemos. Quando dou palestras sobre este tema, costumo pedir às pessoas que façam um inventário das coisas que julgam que sabem e que as deixam em água fervente quando lideram grupos. Esta é uma lista parcial, mas você pode acrescentar mais coisas:

*Eu sei o que ele ou ela pensa.*
*Eu sei o que é melhor para o grupo.*
*Eu sei o que você quer dizer.*
*Eu sei quais são as opções do grupo.*
*Eu sei exatamente onde isso vai dar.*
*Eu sei que isso nunca funcionará.*

Nossa sensação de certeza sobre as nossas percepções, julgamentos e crenças escapa de nós o tempo todo. Estamos mais propensos a ficar chamuscados quando pensamos que sabemos do que quando admitimos que não sabemos. Temos mais probabilidade de nos queimar quando deixamos que nosso desejo de vencer, de estar certo e de ser superior se instale acima de nós e feche nossas mentes para o que os outros têm a oferecer.

Um exemplo: em um dos primeiros trabalhos de minha carreira como consultor, fui enviado a Nova York para auxiliar no processo de reestruturação organizacional de uma empresa de transportes. Dizer que eu estava nervoso seria eufemismo. Eu estava no banco de trás do táxi a caminho do escritório do cliente, debruçado sobre as minhas anotações e tentando me tranquilizar dizendo que estava preparado. Infelizmente, o taxista queria conversar. Ele tinha mais ou menos a minha idade, um afroamericano vestido com um blusão de moletom e um gorro de lã rasgado. "O que você faz?", ele perguntou. Meio irritado, dei uma resposta curta: "Consultoria". Ele perguntou: "De que tipo?". Novamente, respondi curto e grosso, na esperança de que ele pegasse a dica: "Desenvolvimento organizacional". "Ah!", respondeu ele. "Você é um consultor de DO." Fiquei me perguntando como ele sabia que nos referíamos a nós como "consultores de DO". Mas voltei a olhar minhas anotações, tentado me concentrar novamente em minha preparação para a reunião. Mas não dei sorte, ele voltou a pressionar. "Então, em que tipo de projeto você trabalha aqui em Nova York?" Eu tentei responder em termos leigos, "Auxilio a reorganizar uma empresa". Ele respondeu quase instantaneamente, "Ah, então provavelmente você aproveita algumas das idéias de Galbraith e Mintzberg. O seu cliente considera uma estrutura de matriz?". Levantei os olhos de minhas notas e pude vê-lo sorrindo pelo espelho retrovisor. Fechei meu *notebook* e sorri pela primeira vez naquela manhã, e perguntei: "Tudo bem, quem é você e por que dirige um táxi?".

Ele era mestre em estudos organizacionais pela Universidade de Yale. O motorista havia trabalhado para uma das maiores e mais prestigiadas empresas de consultoria do mundo (a mesma empresa que me dispensara depois de uma única entrevista) e decidiu então que a vida em uma grande empresa de consultoria não era para ele. Investiu o dinheiro em uma pequena frota de táxis e ficava atrás do volante durante algumas semanas para aprender mais sobre as necessidades dos próprios clientes. Durante o restante da viagem, o meu motorista de táxi me instruiu em muitos aspectos de meu trabalho. Ele provavelmente foi responsável pelo sucesso que obtive com meu cliente naquele dia.

Quando deixamos de lembrar que nossos professores são, na verdade, todas as pessoas em torno de nós, nos tornamos uma espécie de sonâmbulos pela vida. Estar presente no meio do fogo cruzado com receptividade é dar as boas-vindas à possibilidade de que cada pessoa e cada evento – especialmente os inesperados ou desconfortáveis – oferece-nos um presente em nossa jornada ao longo da existência.

Quando deixamos de estar com a mente aberta, totalmente receptiva à curiosidade e ao que acontece, diminuímos nossa capacidade de auxiliar o grupo a pensar melhor e evitamos que a cura apareça. Quando estamos pouco abertos ou investidos demais em nosso próprio conhecimento, aqui está o que pode ocorrer:

- Deixamos de ouvir um *insight* importante.

- Perdemos oportunidades de aprender e melhorar nosso ofício.

- Ficamos na defensiva quando nosso conhecimento ou nossas escolhas são desafiados.

- Impedimos os outros de descrever a "verdade deles" sobre qualquer assunto.

- Procuramos manipular os outros em uma tentativa de validar nossas suposições.

- Incentivamos conversas como ganhar/perder, em que as pessoas estão certas ou erradas.

- Acreditamos em nossas previsões e podemos ficar pessimistas ou resignados quando as coisas não vão bem.

Como podemos assumir um espírito de abertura e de investigação, especialmente durante os períodos em que desejamos desesperadamente confiar em nosso próprio conhecimento como fonte de segurança e certeza?

## O QUE SIGNIFICA FICAR COM A MENTE ABERTA?

Quando nos mostramos receptivos ao que se desenrola no grupo, devemos estar dispostos a liberar a nossa posição sobre a nossa própria segurança e dizer estas três palavras: *Eu não sei*. A receptividade exige de nós uma vontade de experimentar o desconforto que ocorre quando há uma lacuna entre nossa "verdade" e a verdade dos outros. Fundamentalmente, estar imbuído dessa receptividade significa decidir que é mais importante estar a serviço de alguém do que estar correto ou sentir-se confortável.

O segredo para se mostrar com uma mente aberta é declarar a própria ignorância e se transformar em um constante aprendiz. Peter Senge, um dos professores do MIT e fundador da Society for Organizational Learning, escreveu: "Pessoas com um alto nível de maestria pessoal são agudamente conscientes da própria ignorância e incompetência nas áreas de crescimento. E também são profundamente confiantes. Paradoxal? Só para aqueles que não enxergam que 'a viagem é a recompensa'"[2]. A jornada a que Senge se refere é a viagem da transformação.

Permanecer no fogo cruzado do conflito com a mente aberta requer a criação de um espaço para que as contradições coexistam. Isso significa aprender a viver com o nosso desconforto e insegurança. O educador Parker Palmer descreve isso como pacientemente "manter a tensão dos opostos"[3]. Ele diz que é preciso aprender a resistir à tentação de resolvê-las muito rapidamente, permitindo que essas tensões nos "abram" para novos *insights* e novos cursos de ação. Esse tipo de manutenção das tensões existentes é uma parte importante do trabalho de mediar o fogo cruzado – trazendo um espírito de receptividade para um espaço preenchido com polarização e defesa.

Mente aberta não é um estado ao qual chegamos. É um processo contínuo de abertura e reabertura dos limites da nossa própria visão e de nosso saber, para a coexistência de ideias que parecem ser incompatíveis e para as possibilidades que surgem enquanto a conversa na sala se desenrola. Nós nos abrimos para as vozes suaves, para os acionistas invisíveis, para as propostas escandalosas e para as questões mais complicadas.

E você sabe que está pronto e presente com receptividade total quando se percebe mostrando curiosidade por ideias que antes o repeliam. Você sabe que adota uma postura mais aberta em relação ao fogo cruzado quando, mesmo nos momentos mais difíceis, aceita uma gama infinita de possibilidades sobre o que poderia ser realizado. Você é receptivo quando o diálogo que mantém consigo soa mais como: "Não preciso estar certo sobre isto. Estou aqui para aprender e facilitar a aprendizagem dos outros".

### Quais habilidades devemos cultivar para manter a mente aberta?

Apresentar-se com abertura diante do fogo cruzado de um grupo significa aprender a cultivar a capacidade de *incorporar a humildade*, de *interromper os julgamentos*, de *manifestar curiosidade* e de *manter as possibilidades*. Cada uma dessas habilidades está descrita em seguida.

Larry Dressler

## INCORPORAR A HUMILDADE

A humildade não é a atitude autodepreciativa, falsamente modesta, uma postura submissa que muitos associam à palavra. Pense na humildade como base em uma crença fundamental: *O que eu vejo e sei é apenas uma parte da imagem total.* Cultivar essa mentalidade consiste em confrontar nossa ilusão de que a nossa forma de ver qualquer tipo de situação é fundamentalmente abrangente e imparcial.

É libertador entrar em uma situação de grupo volátil, sabendo que você não precisa ser mais inteligente ou capaz do que qualquer outra pessoa na sala. Nós ficamos alertas e abertos para receber os conselhos daqueles que nos rodeiam. Se nos colocamos mais abertos e sábios o suficiente para pedir a opinião do grupo, então nossa intuição, coragem e clareza podem ser a diferença entre aproveitar o poder do fogo cruzado do grupo e deixar as coisas queimarem até virar cinza.

Uma das formas que utilizo para relembrar a humildade é me curvar quando entro numa sala de reuniões. Foi isso que um baterista de jazz e professor espiritual chamado Jerry Granelli me ensinou isso. Jerry explicou que curvar-se representa a nossa humildade perante o resto do mundo e do grupo. É o que os praticantes das artes marciais fazem antes de entrar no *dojo*, o local de aprendizagem. Na tradição das artes marciais, curvar-se profundamente envolve a exposição do topo da cabeça para o outro – o ato final de vulnerabilidade e respeito. Essa inclinação da cabeça é dificilmente perceptível para qualquer outra pessoa, mas é uma maneira poderosa de lembrar a mim mesmo de que estou na presença de pessoas que possuem conhecimentos próprios duramente conquistados, quer têm uma sabedoria inata, aspirações compartilhadas e a coragem de se reunir para fazer um trabalho difícil.

## INTERROMPER OS JULGAMENTOS

A segunda e importante qualidade que nos permite permanecer completamente abertos no fogo cruzado é a habilidade de interromper os julgamentos limitantes que costumamos fazer. O professor Otto Scharmer, do Instituto de Tecnologia de Massachusetts (MIT), chama essa voz que faz críticas e reprovações de "o inimigo que bloqueia as portas para uma mente mais aberta"[4]. A tarefa aqui é de aprender a nos distanciar de nosso modo habitual de rotular, descartar, interpretar e rejeitar o que vemos e ouvimos.

Torna-se bastante útil aqui refletirmos sobre um dos significados da palavra: interromper temporariamente um determinado privilégio. Tal definição sugere que podemos dar um intervalo para nosso eu julgador. Quando fazemos isso, nos oferecemos um espaço mental para perceber e testar uma hipótese. E, neste espaço, podemos nos perguntar:

*O que está por trás de minha maneira de ver isso?*
*De que outras maneiras poderia ver isso?*
*O que está por trás do ponto de vista da outra pessoa?*

Eu precisei aprender a suspender o meu juízo sobre as lágrimas. Muito cedo em minha vida, desenvolvi o hábito de enxergar as lágrimas como algo ruim, algo que devia ser suprimido. Meu julgamento profundamente entranhado sobre esse comportamento era que as pessoas que via chorando deveriam ser confortadas para que parassem de chorar. As lágrimas eram perturbadoras, irritantes e causavam distração nada positivas durante qualquer momento de deliberação. Então, um dia, almoçava com minha colega Sherri em um restaurante.

Estávamos em meio a um desacordo quando fui apanhado de surpresa ao vê-la chorando. Fiquei pensando: "Será que fui eu que causei isso? Será que as pessoas no restaurante perceberam? Como posso fazê-la parar de chorar?". E comecei a ficar ressentido com Sherri por me colocar naquela posição tão desconfortável. Percebi que minha ansiedade se transformava em impaciência e observei que minha compaixão começou a desaparecer. Eu pensava que sabia por que Sherri chorava.

Foi quando ela me deu um grande presente, que jamais esquecerei. Ela disse: "Larry, quando eu choro, isso não quer dizer que estou magoada e, sim, que o que conversamos é algo importante para mim". Ela explicou que eu não precisava fazer nada para ajudá-la – apenas prestar atenção.

Essa foi uma grande lição sobre como aprender a suspender minha forma habitual de julgar as situações. Eu julgava que sabia o significado daquelas lágrimas. Mas agora percebo que não sabia. Então, faço perguntas. Algumas vezes, minha hipótese sobre as lágrimas que vejo está certa; outras vezes, não. Então, interromper meu julgamento me permite estar presente com as pessoas que choram de uma maneira que seja mais útil para elas e para o grupo.

## MANIFESTAR CURIOSIDADE

Quando nos sentimos incomodados, na defensiva ou confusos, pode ser bastante útil manifestar curiosidade sobre o que acontece – tanto no grupo quanto dentro de nós. Na moderna sociedade ocidental, damos um grande valor a saber mais e melhor do que os outros. Chegamos a julgar que aqueles que sabem – os que têm as respostas – são superiores a nós. Somos também ensinados a julgar que os que não têm as respostas ou que demonstram algum tipo de incerteza são de alguma forma inferiores. Tudo isso se origina do pressuposto de que existe uma coisa chamada certeza e que o futuro pode ser previsto.

A curiosidade começa quando valorizamos o não saber. Essa mentalidade é a chave para a criatividade e para a descoberta. Em vez de procurar pistas que confirmem nossas opiniões e pontos de vista, passamos a olhar as coisas com outros olhos. Em vez de defender nossas interpretações, podemos fazer mais perguntas. Quanto mais aprendermos a viver sem ter as respostas, mais curiosos nos tornamos e passamos a ter maior respeito pelas lutas que os grupos empreendem.

Ser alguém verdadeiramente curioso é arriscado, especialmente para um líder. Não é muito fácil fazer as perguntas que ninguém mais está disposto a fazer, ou desafiar o *status quo*. Pode ser algo terrível investigar as bases do que você sabe que pode transformar seu próprio modo de pensar. Mas essas são as escolhas que fazemos para construir nossa capacidade de sermos curiosos.

Às vezes, ser curioso é difícil. Uma vez, dirigi uma reunião-teste do conselho de uma associação profissional. A intenção era utilizar esse processo nas reuniões regionais com os demais membros da associação. Na conclusão da reunião, encontrei-me com os participantes e pedi que me passassem as próprias reações. A primeira pessoa a falar começou fornecendo as credenciais como *designer* de processos, como perito em planejamento estratégico e como facilitador. Ele criticou tanto a concepção do processo quanto meu papel de mediador, de tal forma que se poderia dizer que eu causava desconforto nas outras pessoas. Pude me sentir totalmente fechado para as sugestões dele, ao pensar: "Esse sujeito joga para a torcida e tenta queimar meu filme para se valorizar. Ele não tem nada de valor para me dizer". Meu rosto parecia queimar. Eu temia que, com cada comentário que ele fazia, eu perdesse minha credibilidade profissional aos olhos do grupo.

E precisei trabalhar duas vezes mais para desenvolver minha curiosidade em relação aos pontos de vista dele. Peguei uma caneta, inclinei-me e comecei a tomar notas, de forma que eu pudesse começar a me conectar fisicamente com o valor dos comentários dele. Fiz perguntas e, a cada resposta, fazia uma pausa consciente para avaliar o que fora dito. Perguntei aos demais se concordavam ou não. Percebi que, à medida que ficava mais curioso pelas opiniões deles, me tornava menos inflexível e menos na defensiva. Logo, conversávamos como colegas e passei a receber *feedbacks* muito úteis.

Essa experiência me ensinou uma lição bastante valiosa sobre envolver-se com curiosidade enquanto estamos sob fogo cruzado direto. No momento em que fui capaz de estabelecer meu eu com curiosidade, tornei-me mediador de fogo cruzado e voltei a me alinhar com meu propósito.

### MANTER AS POSSIBILIDADES

A qualidade final necessária para permanecer com a mente aberta tem menos a ver com nossa abertura às ideias dos outros e às perspectivas deles, e mais a ver com estar totalmente disponível para a esperança e para as possibilidades existentes no fogo cruzado da resistência, da confusão, da resignação e do cinismo.

Muitos dos mediadores mais experientes com quem conversei durante a pesquisa para este livro falaram sobre como trabalhar com grupos diversificados de pessoas, alguns com pessoas que eram inimigos nas guerras ou que estavam em lados opostos em questões políticas ou sociais. As partes interessadas muitas vezes chegavam com extremo cinismo, baseado na história de não conseguir chegar a um consenso uns com os outros, ou por assistir aos acordos prévios se dissolverem, ou por terem um sentimento de traição.

Por exemplo, Marianne Hughes dirige o Interaction Institute for Social Change, um grupo de consultoria que trabalha exclusivamente com os líderes que lidam com complexas e desafiadoras questões sociais. Ela descreve o que é ser e como deve agir na condição de administradora de possibilidades, nesse tipo de cenário: "É preciso dedicar muita energia para que se mantenha a crença de que aquilo dará certo. Nós sabemos disso porque já vimos acontecer antes. E eles não sabem, porque nunca viram as coisas funcionarem"[5].

Ser um administrador das possibilidades não significa que encaramos o fogo cruzado com óculos cor-de-rosa. Em vez disso, colocamos a adversidade na adequada perspectiva. Enquanto os outros expressam medos, dúvidas e sentem-se oprimidos em face de uma tarefa aparentemente insuperável, podemos orientá-los a dar os primeiros passos, que podem ser pequenos, mas assustadores.

Para manter as possibilidades, devemos atribuir as causas das falhas ou das adversidades a fatores temporários e específicos. Não temos necessidade de persuadir ninguém na sala a deixar de ser cínico ou conformado. Devemos apenas levar-nos adiante e facilitar o processo com um claro espírito de otimismo e de possibilidades. Os outros verão e sentirão isso. Podem até rotular essa postura como sendo "irrealista" ou "idealista", mas quando nos mantemos abertos, tais rótulos são aceitáveis porque representam a verdade dos demais naquele momento.

Como resultado de explorar as possibilidades, sentimo-nos mais relaxados e energizados mesmo nos momentos mais desafiadores. Com o tempo, nossa sempre presente expectativa por um resultado positivo poderá ser contagiosa. Nossa crença persistente de que há luz no fim do túnel torna-se uma profecia que se cumpre.

### Que mudanças ocorrem quando estamos com uma mente aberta?

Os líderes e os facilitadores que resistem ao fogo cruzado com mente aberta contribuem para a mudança de um grupo em direção a uma maior criatividade, segurança e aprendizagem.

### CRIATIVIDADE

Quando nos prendemos aos julgamentos e às certezas, tornamo-nos mais propensos a reforçar os antigos padrões em nós e nos grupos com os quais trabalhamos. Mas quando adotamos a atitude do não saber, deixamos de gastar energia defendendo nossas interpretações e à procura de provas que apoiem as nossas opiniões. Ficamos mais capazes de cativar as outras pessoas e as ideias delas com um novo olhar. Esse tipo de receptividade cria um espaço em branco para que os outros exerçam o pensamento criativo, a experimentação e a descoberta. Com a mente aberta, estamos mais propensos a ouvir nuances, ver novos padrões e combinar as ideias de maneiras que poderíamos ignorar ou resistir se nos ocupássemos em defender nossa posição como alguém que tem as respostas.

### SEGURANÇA

Quando estamos abertos, as pessoas se sentem convidadas a compartilhar as perspectivas delas. Elas percebem que, embora possam ser contestadas pelo rigor das perguntas, tais questões não visam fazer com que alguém se sinta mal ou em uma posição inferior. As pessoas acreditam que as próprias contribuições, não importa o quão controversas possam ser, serão respeitadas e valorizadas. Permanecer com esse tipo de receptividade é um modo poderoso de demonstrar às pessoas com posições minoritárias que serão ouvidas como qualquer outra.

### APRENDIZAGEM

Não surpreendentemente, uma mente aberta resulta na fácil aquisição de novos conhecimentos e aprendizagem. Humildade, curiosidade e suspensão do juízo de valor nos deixam mais permeáveis à vida. Quando enxergamos as pessoas a quem servimos como professores em potencial, garantimos que aprenderemos com elas. Essas pessoas nos ensinam a nos transformar em líderes melhores e mediadores mais habilidosos. Quando acreditamos que cada reunião detém a possibilidade de novos conhecimentos e de mais aprendizagem, então aquele encontro mais difícil informa o nosso crescimento e o desenvolvimento saudável do sistema.

> Nós nos queimamos quando nos identificamos fortemente com nossos próprios julgamentos, como se fossem a melhor ou a única "verdade" na sala. Permanecer com a mente aberta exige que enfrentemos nossa necessidade de sempre estar certos, de vencer, de ser inteligentes e de ser superiores. Essa postura requer que adotemos uma mentalidade de que *aquilo que vejo e sei é apenas uma pequena parte do todo*. Quando nos sentimos capazes de enfrentar o fogo cruzado das pessoas que desafiam nossa competência e capacidade com um espírito de receptividade e de investigação, mudamos o clima de toda a sala. Quando podemos

ficar no meio do fogo cruzado com curiosidade e otimismo, mesmo numa sala repleta de cinismo e superioridade moral, fazemos o trabalho transformacional do mediador do fogo cruzado.

### QUESTÕES PARA REFLEXÃO

- Descreva a última vez em que um de seus pressupostos importantes ou crenças se mostraram um erro. O que você aprendeu?

- Você já se disse alguma vez, ou a um grupo que liderava, algo como "Não tenho certeza do que acontece" ou "Não sei como prosseguir a partir daqui"? Como você se sentiu? Que tipo de diálogo interno estava ligado a essas sensações?

- Em quais circunstâncias você tem a tendência de se sentir superior ou manter uma postura defensiva?

- Quando você foi capaz de acionar sua curiosidade perante contribuições perturbadoras ou confusas por parte dos participantes?

- Você acredita que é fácil manter as possibilidades em uma sala cheia de pessoas que expressam cinismo, medo, desespero ou conformismo? O que o auxilia a ser o administrador das possibilidades em tais ocasiões?

### TENTE ISTO

Sintonize sua TV ou o rádio no comentarista político mais desprezível, aquela pessoa cujas opiniões realmente o deixam irritadíssimo. Sente-se por trinta minutos, ouvindo o comentarista, e tente perceber como você se sente. Ouça seus julgamentos. Sinta as emoções e as sensações físicas que surgem.

Agora, mostre-se curioso em saber o que essa pessoa pensa, e por quais motivos. E se você não tentasse provar que as opiniões estão certas ou erradas? Se você realmente quisesse compreender o que faz esse comentarista pensar assim, quais perguntas você faria a ele?

# CAPÍTULO 6
# Saber o que você representa

*Minha orientação estabeleceu o campo, de modo que, quando estou no meio do fogo cruzado e surge um momento de escolha, ele me revela uma enorme variedade de opções que eu não veria se não tivesse uma orientação clara.*

Doug Silsbee
Treinador de liderança e autor, Presence-Based Coaching

Como foi sugerido nos capítulos anteriores, somos criaturas de hábitos. Mas também somos criaturas de escolhas. Num redemoinho de desorientação e conflitos de um grupo, precisamos saber onde estamos. Ao enfrentarmos o que se parece com uma irresistível pressão para cumprir os desejos de um grupo, precisamos saber quem somos em essência. Quando nos sentimos sucumbindo à força do ego e do orgulho, precisamos de um eu superior e autêntico, um ponto de ancoragem mais sólido no qual possamos fazer as melhores escolhas.

Cada momento de intensa combustão apresenta uma nova oportunidade para a qual dirigir nossa atenção e utilizar nosso considerável poder de mediador. Este capítulo descreve como a compreensão daquilo que defendemos e representamos nos permite optar por exercer a liderança com coerência, integridade e determinação, em face das pressões para agirmos com nossa habitual autodefesa.

## Como nos queimamos?

As respostas defensivas são reações-padrão normais e, se estiverem ligadas a experiências profundamente enraizadas e a padrões de pensamento, representam um comportamento sem muita reflexão consciente. Elas são automáticas. Você educadamente sugere que perco o controle da reunião, e minha reação-padrão é explicar-lhe que estou em controle das coisas muito bem, sim senhor. Você grita comigo e, caso eu não esteja enraizado em meu propósito, é bastante provável que eu grite de volta.

Quando foi a última vez que você saiu de uma reunião com um destes pensamentos vagando pela sua mente?

*Eu realmente não desempenhei o papel que eu pretendia.*
*Perdi a compostura.*
*Fui convencido pelo grupo de que eu poderia* _____
(*preencha os espaços*).

O fogo cruzado que emerge do grupo está repleto de oportunidades para tomarmos medidas ineficazes e sem integridade, movidos pelo calor do momento. Enfrentamos cara a cara nosso ego, nossas ambições e nossos medos. Você pode estar bem no meio do intenso calor dos conflitos e das agressões. As pessoas do grupo começam a se comportar de modo desagradável uns com os outros. Você pensa consigo: "Preciso manter as coisas equilibradas por aqui" ou "Se isso começar a piorar ainda mais, as pessoas poderão começar a duvidar de minha competência". Nesses momentos, pretendemos preservar a segurança psicológica dos membros do grupo e, talvez ainda de modo mais premente, queremos manter nossa própria imagem idealizada, a de alguém competente e que está no controle. Mas tomar medidas baseadas em uma dessas duas necessidades –

intervindo numa tentativa de dissipar o calor – pode não ser a atitude desejável naquele momento.

Talvez trabalhe com um grupo que esteja "preso", e você passa a sentir uma insegurança crescente e medo em relação ao que fazer em seguida. Você pensa: "Como faço para tirar essas pessoas do buraco que eles mesmos cavaram?" ou "O que eles podem pensar de mim, parado aqui, tão obviamente sem saber o que fazer?". Tais pensamentos podem levá-lo a tomar medidas que reforcem a crença do grupo de que é você o responsável por deixar as coisas melhores. Ou talvez você pense: "Essas pessoas estão tão envolvidas em suas velhas histórias de vítimas que não tenho certeza se alguém pode ajudá-las". Na medida em que a sua atenção se volta para responsabilizar os membros do grupo, você percebe que se torna mais e mais resignado com o que acontece, desistindo do grupo. Estes pensamentos o levam a se sentir mais confortável e menos responsável por qualquer papel que possa desempenhar na situação que ocorre. Mas nenhum deles é de qualquer ajuda para o grupo.

Muitas vezes nos deixamos queimar porque agimos a partir do desejo muito humano, e geralmente inconsciente, de nos proteger. Quando eu entro em um padrão baseado em reação de defesa, não estou respondendo ao fogo cruzado com uma intenção clara de estar a serviço do grupo. Após essas reuniões, quase sempre olho para trás e digo a mim mesmo: "Hoje não apareceu o meu eu mais útil, mais claro e mais resoluto". Esses são os momentos em que minha energia tornou-se indistinguível da energia do grupo – ficou presa, confusa, hostil, desesperançada ou apreensiva.

Na ausência de um sentido claro de qual seria nossa contribuição e de quais são os princípios que devem instruir as nossas escolhas, corremos o risco de fazer um movimento puramente reativo. Aqui estão as formas mais comuns que nos levam a ter problemas quando estamos no meio do fogo cruzado sem uma intenção clara de orientação:

- Permitir que as emoções dos indivíduos, ou seu poder ou sua motivação façam com que a reunião se desloque para longe das metas estabelecidas.

- Incorporar uma personalidade falsa para se mostrar mais no controle, mais digno de crédito e mais simpático.

- Exagerar ou intervir de forma muito assertiva de maneira que lamentaremos mais tarde.

- Mostrar-se perdido ou distraído, deixando de agir no momento em que uma intervenção mais assertiva se mostrava necessária.

- Tornar-se ambivalente sobre o envolvimento e questionar a própria capacidade de criar valor para o grupo.

Quando lideramos, o conforto e a conveniência não podem ser nossos guias de direção. Precisamos encontrar uma forma de nos orientar que esteja ligada a algo mais convincente do que nossa autoproteção e que seja mais inspirador do que nossa própria ambição. Precisamos de um ponto de referência que nos oriente a fazer escolhas que sirvam ao grupo e nos dê confiança para assumir um risco pessoal.

## O QUE SIGNIFICA SABER O QUE REPRESENTAMOS E DEFENDEMOS?

Não é incomum que os facilitadores e os agentes de mudança que trabalham em situações de muita pressão e de cobrança sintam-se desequilibrados ou na defensiva. Veja alguns exemplos de como eles descrevem esses momentos:

- "Quando isso aconteceu, parecia que o tapete fora totalmente retirado debaixo dos meus pés. Eu perdi a noção do que deveria fazer."

- "Eu fui arrastado pela ansiedade do grupo e já não podia me localizar ou fazer julgamentos independentes do que acontecia em torno de mim."

- "Eu fui provocado. Nesse momento, os limites derreteram e tentei resgatar o grupo. Esse foi um momento de baixa integridade para mim."

Saber o que você representa e o que defende envolve o compromisso de agir em todas as situações com integridade pessoal e em prol do objetivo comum do grupo. Mas como saber o que representamos e o que defendemos? Precisamos de uma espécie de giroscópio pessoal, um mecanismo interno para manter nossa integridade apesar dos acontecimentos desorientadores que ocorrem ao nosso redor. E desenvolver esse giroscópio pessoal requer o conhecimento e o comprometimento de uma "intenção de orientação". Ela articula as verdades pessoais e autênticas que orientam nossas escolhas enquanto media o fogo cruzado. Essa intenção de orientação não é apenas um sistema de navegação pessoal, mas é também uma fonte de energia da qual uma ação resoluta pode emergir com calma, consistência e força. A intenção de orientação para qualquer reunião consiste das respostas para as seguintes perguntas:

*O que faço aqui para contribuir no mundo?*
*Que princípios orientam meu trabalho?*
*Para quem estamos aqui?*
*O que o grupo quer alcançar?*
*Qual é e qual não é o meu trabalho neste encontro?*

Precisamos encontrar maneiras de colocar essas perguntas para nós de forma contínua. Um rabino nos tempos bíblicos descobriu esta lição quando fazia uma viagem diária pelos portões que levavam à Cidade Sagrada. Um dia, um sentinela parou o rabino e perguntou: "Onde você vai? Quem é você? Por que está aqui?". O rabino pensou por um momento, deu as respostas ao guarda, que, satisfeito, sinalizou que o rabino podia continuar o caminho em direção aos portões. Mas o rabino hesitou, olhou para o guarda e perguntou: "Quanto eles pagam a você para fazer este trabalho?". O guarda respondeu: "Vinte shekels por semana". Após um longo silêncio, o rabino declarou: "Eu lhe pagarei trinta moedas por semana, se você prometer me parar a cada dia e desafiar-me a responder a estas três perguntas antes de eu passar por aqueles portões".

Desenvolver nossa capacidade de ficar no meio do fogo cruzado intencionalmente significa tornarmo-nos nosso próprio sentinela nos portões de nossa vida e de nosso trabalho. Para isso, devemos nos fazer importantes perguntas e depois ouvir atentamente para discernir as verdades mais profundas que emergem de nossas respostas.

### COMO CONTRIBUIREI PARA O MUNDO?

Quando sabemos qual é nosso maior propósito, somos capazes de responder à pergunta: Como contribuirei para o mundo? Essa é uma pergunta profundamente pessoal e que constitui o núcleo de nossa identidade. A resposta a essa questão evolui ao longo de uma vida e não deve vir de expectativas externas, mas de dentro de nós. Como observa Parker Palmer: "Antes que eu diga à minha vida o que desejo fazer com ela, preciso escutar minha vida me dizendo quem eu sou".[1] As práticas que nos auxiliam a explorar o nosso propósito maior são apresentadas na Parte 3.

Nosso propósito maior está muitas vezes conectado ao serviço dos outros ou ao que o filósofo Robert Greenleaf descreveu como "uma liderança servidora"[2]. Ter um propósito enraizado na ideia de servir ao bem maior permite reconhecer mais facilmente – e anular – as necessidades de nosso ego (ganhos financeiros, *status* profissional, elogios em público, ou qualquer outra coisa), bem como enfrentar riscos pessoais com coragem e utilizar nosso poder com integridade moral.

A compreensão de que estamos aqui para dar nossa contribuição ao mundo nos dá a oportunidade de colocar o que ocorre dentro do grupo em uma perspectiva mais correta e mais ampla. Essa perspectiva pode ser uma âncora e uma fonte de calma durante uma interrupção nos trabalhos do grupo. Ela pode ser uma fonte de força se nos sentirmos incertos sobre que caminho tomar ou sobrecarregados.

Uma base sólida que sustente um propósito firme e orientado para servir também cria uma capacidade maior de saltar para trás depois de sermos provocados, depois que alguém aciona nosso gatilho. Em um momento de intensa combustão, fazer a pergunta "Como posso contribuir?" auxilia a sair de uma resposta padronizada para uma escolha intencional de mais alta integridade.

## QUE PRINCÍPIOS GUIAM MEU MUNDO?

Nossos princípios são nossas crenças, aquelas nas quais temos maior convicção, sobre como trabalhar e caminhar neste mundo. Muitas vezes, os valores, as crenças e os pressupostos que informam nosso trabalho são inconscientes e, portanto, não ditos. A fim de sermos fundamentados e calcados em princípios, devemos articular o que pensamos sobre a natureza de nosso trabalho e como nos esforçamos para nos manter nesse trabalho. Quando somos claros sobre os nossos princípios, temos um quadro ideológico que informa tanto a forma como enxergamos os eventos que se desenrolam quanto as escolhas que fazemos a cada momento.

Aqui está uma lista parcial dos princípios que fundamentam meu trabalho e que me auxiliam quando começo a me sentir ansioso ou perdido. Estas não são ideias que inventei, pois me foram oferecidas por diversos professores ao longo dos anos:

- As surpresas são uma realidade. Se eu pudesse prevê-las, deixariam de ser surpresa. As especificidades de qualquer plano que eu leve para uma sala de reuniões estão propensas a ficar obsoletas.

- A sabedoria já está no sistema, eu simplesmente ajudo a criar condições mediante as quais a sabedoria do grupo pode ser revelada.

- Ouvir todas as vozes, incluindo aquelas em menor número e com menos energia, é essencial para um processo criativo e inclusivo.

- Quando as pessoas me atacam com raiva ou demonstram medo, isso quase nunca se refere a mim. Não é algo pessoal.

- À medida que eu incorporar paz e receptividade, eu poderei ser um catalisador para a transformação numa sala e no resto do mundo.

Quando conscientemente incorporo esses princípios em meu trabalho, eles informam a minha postura física, minha voz e minhas palavras. Eles servem como uma constituição pessoal, influenciando como me apresento a cada interação e como faço valer minha autoridade em qualquer momento. E quando estou conectado aos meus princípios, posso me apresentar com calma, clareza e coragem diante de qualquer reunião ou grupo, independentemente da temperatura ambiente.

#### PARA QUEM ESTAMOS AQUI?

A terceira dimensão de uma "intenção de orientação" é específica a determinada conversa que oriente. Antes de qualquer reunião, eu me pergunto: *A quem sirvo?* Nem sempre é uma pergunta fácil de responder, e é uma das que me esforço para deixar bem claro na hora em que estou em conversas com um cliente, ou quando realizo conversas comigo mesmo.

Precisamos ter em mente que a pessoa a quem servimos não é sempre a mesma que nos contratou. Às vezes, quem servimos nem mesmo está na sala. Chris Corrigan trabalha com uma sociedade beneficente para crianças. Para lembrar a ele e ao grupo a quem ele servem, eles muitas vezes fazem reuniões enquanto as crianças ainda estão na sala. Chris observa: "Mesmo que as crianças não participem, a presença delas mantém-nos a todos conscientes e responsáveis".

Quando definimos com clareza em nome de quem atuamos, evitamos fazer escolhas que prejudiquem os interesses dessas pessoas. A resposta a esta questão não é sobre como selecionar um determinado grupo que favoreceremos durante a reunião. Mais frequentemente, essa resposta busca descobrir o interesse comum entre os diversos participantes e estabelecer que estamos ali para auxiliar todos os que tiverem intenção de alcançar esse objetivo.

## O QUE O GRUPO QUER ALCANÇAR?

Se servimos ao grupo, é imperativo que tenhamos clareza sobre a finalidade dele – tanto em relação a uma reunião particular quanto no longo prazo. A fim de compreender isso, devemos perguntar: O *que o grupo quer alcançar?* E: *Como se define o sucesso?*

As pessoas convocam reuniões por muitas razões. Elas querem que algo mude. Querem se mover do ponto A para o ponto B. Elas querem sair de um lugar que as prende e criar algo mais novo e útil. Mas não é só porque desejam essas coisas que não se atolarão na distração, no medo e na desesperança. Só porque as trouxeram para dentro do processo não significa que não estarão engajadas em um momento de negação, de manobras políticas e de acusações indiscriminadas.

Como resultado, você precisa estar firmemente enraizado no que o grupo diz que pretende alcançar. No meio da confusão e do conflito, sua capacidade de conectar-se rapidamente com a finalidade do grupo é essencial para saber o que você representa e a quem serve.

Larry Dressler

## QUAL É MEU TRABALHO NESTE ENCONTRO?

O quinto elemento da "intenção de orientação" é relacionado com a compreensão de nosso papel em uma situação particular. Nosso papel pode mudar de uma reunião para outra. Precisamos fazer duas outras perguntas, fundamentadas em nossos propósitos e convicções e informadas por aquilo que o grupo pretende atingir. Tais perguntas criarão mais valor para o grupo: *Qual é meu trabalho nesta reunião?* e *Qual não é meu trabalho nesta reunião?*

Às vezes, o meu papel poderia ser apenas o da facilitação do processo. Outras vezes, o grupo pode valorizar minhas observações e lições sobre dinâmica de grupo ou minha habilidade nas conversas. Tanto para o grupo quanto para nós, é muito importante ter bem claro nosso papel com antecedência.

Durante o curso de um difícil processo, os limites de nosso papel podem se dissolver com facilidade. Muitos de nós estamos neste trabalho porque queremos servir aos outros. Mas essa motivação pode nos trazer problemas quando assumimos tarefas e responsabilidades que, sem querer, enfraquecem a capacidade do grupo de assumir as responsabilidades pelo próprio trabalho.

Como o rabino às portas da Cidade Santa, devemos nos fazer essas importantes perguntas antes de passar pela porta e entrar em uma reunião de alta tensão emocional. Quando nós chegamos com uma orientação clara, somos capazes de enfrentar o fogo cruzado sabendo com certeza onde estamos, a quem representamos e o que defendemos.

## QUAIS QUALIDADES DEVEMOS CULTIVAR PARA SABER A QUEM REPRESENTAMOS?

*Clareza* e *compromisso* permitem saber exatamente o que defendemos e a quem representamos, em vez de reagir automaticamente em face da complicada dinâmica da reunião. Para saber o que defendemos, precisamos desenvolver essas duas qualidades-chave.

## CLAREZA

Quando somos claros em nossa intenção orientadora, vemos as coisas com nitidez e precisão, sem estar obscurecidos pelas nuvens dos dramas externos que se desenvolvem ao nosso redor ou pelas emoções interiores que experienciamos. Quando conseguirmos ficar no meio do fogo cruzado, e totalmente conectados a essa intenção, seremos capazes de fazer escolhas a serviço do grupo, sendo fiéis à nossa própria integridade.

A clareza de intenções é especialmente importante em conversas em que há muitas coisas em jogo. O negociador internacionalmente reconhecido William Ury contou-me quando foi enviado por Jimmy Carter para se encontrar com o presidente Hugo Chávez da Venezuela em 2005. "A Venezuela estava à beira de uma guerra civil sangrenta, e me disseram que eu teria quinze minutos com Chávez e membros do gabinete dele", Ury lembra. Pouco antes da reunião, Ury foi para o jardim do próprio hotel em Caracas para refletir sobre a intenção de orientação. "Enquanto eu me sentava lá no jardim, decidi que sacrificaria minha oportunidade de dar conselhos e, ao invés, apenas ouviria Chávez. Também decidi que meu foco seriam as crianças daquele país – preservar a oportunidade delas de crescer em um país pacífico." O que era para ser uma reunião de quinze minutos durou duas horas e culminou com o Presidente Chávez pedindo conselhos a Ury e concordando em iniciar conversas com os próprios "inimigos". Quando você tem clareza sobre aquilo que defende, consegue manter um poderoso ponto de apoio em interações incertas e potencialmente turbulentas.

Nós cultivamos a clareza refletindo com disciplina sobre as questões referentes à nossa intenção de orientação. Você aprenderá "preparações práticas" específicas sobre este tópico no Capítulo 10.

## COMPROMISSO

O compromisso representa uma profunda convicção pessoal sobre nossa intenção. Se a clareza significa saber aquilo que defendemos, do ponto de vista intelectual, o compromisso significa o alinhamento com a nossa intenção de orientação nos níveis da mente, do coração e do corpo. O compromisso requer assumir a propriedade de nossa intenção, até porque ela evolui com o passar do tempo.

Como foi mencionado no início deste capítulo, nosso eu reativo empenha-se em manter nossa segurança e conforto. Esses fortes compromissos, subconscientes, são resultado de respostas-padrão. Quando nos comprometemos com uma intenção de orientação, fazemos uma escolha de que nossos pensamentos, nossas ações e nosso modo de ser serão guiados por um elevado conjunto de compromissos – nossa intenção de orientação. Na verdade, declaramos: "Escolho estes compromissos mais elevados em detrimento de minha maneira habitual de responder".

Os nossos compromissos não apenas nos guiam quanto ao que devemos dizer, mas também nos informam quando precisamos dizer não para os outros e para nós. Como resultado dos compromissos que assumo para mim mesmo, digo não para minhas tendências defensivas com mais frequência. Digo não para os líderes que desejam realizar reuniões para criar uma ilusão de inclusão e não pelo real objetivo ou necessidade. Digo não para meu próprio desejo de me prender à minha agenda quando outra coisa emerge e o grupo pretende abordá-la.

Comprometer-se com uma "intenção de orientação" antes de entrar em uma reunião muito combustível se parece com os votos sagrados que um guerreiro faz antes de ir para a batalha. Nós decidimos quem desejamos ser e a quem servimos, sabendo que existirão forças que poderão nos seduzir e nos levar para longe de nosso eu mais elevado. Assumir um compromisso é mais do que simplesmente acreditar que algo pode ser verdade. É um conhecimento profundo, uma confiança completa em nosso giroscópio interno, que nos permite fazer as escolhas com base sólida de nossa verdade.

### O QUE MUDA QUANDO SABEMOS O QUE DEFENDEMOS E A QUEM REPRESENTAMOS?

Quando ficamos no meio do fogo cruzado mantendo uma profunda conexão com nossa orientação, as pessoas percebem isso. Elas vivenciam um líder resoluto – que não é facilmente distraído pelas emoções do momento nem se vê oprimido pelas lutas. Elas sentem que nossas escolhas e decisões são informadas por nossos princípios. Nosso compromisso e nossa clareza em relação às nossas intenções transmitem aos outros uma presença que os auxilia a se conectar com o que desejam assumir.

Enquanto cultivarmos nossa habilidade de estar no meio do fogo cruzado guiados pela nossa intenção de orientação, nós e os demais experimentaremos três poderosas mudanças.

### COERÊNCIA

Quando estamos em nossa intenção de orientação, incorporamos a coerência interna. Nossas palavras, nossas ações e nosso modo de ser formam um todo unificado quando estamos conscientes e conectados com o que defendemos. Quanto mais trabalhamos em clareza e comprometimento com o que é importante, mais ganhamos um sentido de coerência interna – alinhamento pessoal e integridade. Nós sentimos que aproveitamos as melhores partes de nosso ser. São Francisco de Assis disse: "De nada adianta andar para pregar se não pregamos andando". Alcançamos a coerência pessoal quando "caminhamos" apoiados em nossa intenção. Quando as pessoas testemunham esse tipo de integridade em ação, tornam-se mais propensas a confiar na consistência e na credibilidade de nossas ações. Elas relaxam durante o processo.

### CORAGEM

Coragem não é ausência do medo. É a disposição de dar um passo em direção a algo assustador, apesar de nosso medo, porque nos sentimos compelidos a agir em função de um propósito maior. Quando temos consciência do que defendemos e em que acreditamos, conectamo-nos com algo maior do que a necessidade de parecer bem ou de sobreviver a uma reunião complexa. A coragem auxilia-nos a nos identificar com um propósito maior do que o conforto.

Tomar uma posição corajosa em relação ao que acreditamos não precisa envolver agressão. Agressão simplesmente produz mais agressão. Uma intenção bem afiada nos permite trazer uma resolução pacífica, e firme, às interações mais difíceis.

A coragem é contagiante e por meio dela os outros descobrem o bem comum que os inspirou a se manter no fogo cruzado.

## AUTENTICIDADE

À medida que nos comprometemos a incorporar nossa intenção de orientação, tornamo-nos menos suscetíveis a adotar uma falsa *persona* a fim de sobrepujarmos um momento acalorado. Podemos então resistir à nossa ambição, bem como às pressões externas para agirmos como alguém que não somos.

Quando compreendemos aquilo pelo qual lutamos e que defendemos, passamos a entender quem realmente somos e não sentimos mais necessidade de mudar isso. Em um mundo que parece cada vez mais repleto de celebridades, de imagem pública e de confusões, a autenticidade passa a ser uma fonte importante de confiança e de credibilidade.

E quando incorporarmos essa autenticidade relaxante, damos permissão aos membros do grupo para fazer a mesma coisa. E quando as pessoas se mostram autenticamente, elas trazem toda a gama de *insights*, experiência e energia para a conversa.

## DESCOBRINDO O QUE DEFENDEMOS

Saber o que defendemos significa realizar encontros frequentes com nossa integridade. Esses momentos são muitas vezes inconvenientes e desconfortáveis. Aqui está uma história pessoal que ilustra como a clareza e o comprometimento ao propósito e aos princípios ativam o surgimento de um sentido de coerência, coragem e autenticidade.

Durante o primeiro mês do meu primeiro emprego após me formar, fui enviado com uma colega mais experiente para nos encontrarmos com um cliente em potencial – um cassino amplamente respeitado. O projeto que lançávamos envolvia uma área específica de atuação que eu trouxera para a empresa, e embora fosse inexperiente, fui convidado para assumir a liderança durante a apresentação. Logo após a conclusão de nossa reunião com o CEO do cassino e com a principal equipe de executivos dele, fomos informados de que eles nos dariam o contrato de consultoria. Fiquei exultante.

Quando nos dirigíamos ao estacionamento, o CEO se ofereceu para nos acompanhar até o carro. À medida que cruzávamos o cassino, julguei que poderia impressionar o CEO fazendo algumas perguntas pertinentes sobre o negócio dele. Perguntei: "Quem é seu público-alvo?". Ele respondeu sorrindo: "Boa pergunta, Larry." Eu sorri de volta, orgulhoso de mim mesmo. O CEO continuou: "Nosso cliente é o jogador adicto, aquela pessoa que no dia do pagamento do salário vai até o banco e monta uma linha direta com nosso cassino. E no fim da noite, ela já perdeu boa parte do pagamento e está tão animada, encharcada de endorfina, que nem consegue mais sair da mesa de jogo, nem mesmo para ir ao banheiro". Fiquei chocado. Vendo que eu não tinha mais nenhuma pergunta brilhante que desse sequência ao que o CEO dissera, minha colega se despediu e agradeceu-lhe por nos escolher.

Quando nos sentamos no carro, virei-me para minha colega e disse: "Não posso trabalhar nesse projeto". Ela entendeu, mas me disse que o projeto não poderia ser concluído sem mim. Ela sugeriu que eu era idealista e ingênuo e gentilmente me lembrou que eu era novo na empresa, tinha empréstimos para pagar e trabalhava para um patrão que não seria simpático às minhas crenças. Mas eu sabia que precisava voltar ao escritório e informar ao meu novo chefe que não poderia trabalhar para uma empresa que definia a própria missão empresarial em termos de explorar as pessoas com vícios. Eles foram muito claros quanto à missão, e eu também fui claro sobre a minha – que era fomentar sistemas de relações humanas mais saudáveis. E eu tinha muito claro que essas duas missões não poderiam conviver.

Enquanto eu explicava a meu patrão os motivos pelos quais não poderia trabalhar naquele projeto, ele me perguntou: "O cassino faz algo ilegal?". Respondi que não, mas que a legalidade ou não das atividades deles não era o fundamento de minha decisão. Ele tentou ser compreensivo, mas percebi que ele estava irritado. Fiquei pensando comigo mesmo: "Se eu comprometer minha integridade logo no primeiro mês de trabalho, estarei perdido pelo resto de minha carreira".

No final, meu chefe me deixou recusar o projeto, mas me advertiu: "Você pode fazer isso uma vez ao longo de sua carreira aqui, e esta foi essa vez". Como resultado de minha decisão, a empresa perdeu o negócio. Descobri que meus valores eram diferentes dos da empresa e que eu precisaria tomar uma decisão quanto a isso quando chegasse o momento certo. E quando esse momento chegou, foi o que fiz, saindo de lá.

Esse foi um momento de tensão para mim, mas no meio de todas aquelas apostas arriscadas, lembro-me de estar relativamente calmo. Eu me sentia com clareza e comprometimento suficientes para assumir a postura ética que tomava. Esta clareza e meu compromisso interno permitiram que eu continuasse fiel a meu propósito maior, algo muito mais importante do que a segurança naquele emprego.

> No calor do conflito e sob pressão para satisfazer os desejos de um grupo, precisamos saber quem somos em nossa essência. Quando nos sentimos sucumbindo ao ego e ao orgulho, precisamos saber que representamos algo mais do que nossa autoproteção e ambição. Qualquer verdadeiro mediador do fogo cruzado lhe dirá que há momentos nos quais devemos agir com clareza e determinação e,

nesses momentos, o conforto e a conveniência não deveriam ser nosso guia. Quando estamos enraizados firmemente em nossa intenção de orientação, ficamos menos suscetíveis a ser derrubados, a ser varridos para longe e a ser seduzidos pela dinâmica do grupo. E nos momentos nos quais nos tornamos reativos, uma intenção clara de orientação nos auxilia a nos recuperar mais rapidamente e a encontrar uma resposta que tenha integridade.

## QUESTÕES PARA REFLEXÃO

- Quais foram as situações nas quais você sentiu se perder ou abandonar sua finalidade e suas crenças?

- Em quais situações você conseguiu manter sua integridade e sua autenticidade, apesar das pressões que sofreu para se renunciar?

- Em que tipo de situação você tende a escolher a cautela e o conforto em vez de fazer a escolha correta? Nesses momentos, existe um princípio superior ao qual renuncia?

- Quem foram os mestres mais importantes em sua vida? Quais foram as lições que eles lhe ensinaram sobre como ver e fazer seu trabalho?

- Em que você se vê empenhado não comprometera nem sua vida nem seu trabalho?

## TENTE ISTO

Encontre um local tranquilo onde possa se sentar com alguém. Dê a esse alguém estas três perguntas: *Quem é você?*, *O que você escolheu defender em sua vida?* e *Para o que você pretende dar sua contribuição neste mundo?*

Peça a seu parceiro que passe dez minutos lhe fazendo uma dessas perguntas. Durante cada período de dez minutos, a única coisa que seu parceiro deve fazer é ouvir suas respostas e fazer a mesma pergunta novamente. Ele não deve fazer nenhum tipo de comentário nem tentar explorar sua resposta mais profundamente. Depois de dez minutos, seu parceiro deve passar à segunda pergunta e, depois de mais dez minutos, passar à terceira.

Dedique então mais trinta minutos para descrever aquilo que você aprendeu. Quais foram as perguntas que motivaram respostas mais superficiais, motivadas pelo ego ou pelas regras sociais que você precisou superar para chegar a declarações mais profundas e mais autênticas? O que lhe pareceu mais capacitador? E o que foi mais assustador? O que você aprendeu sobre o que é e o que não é seu propósito superior?

# CAPÍTULO 7
# Adaptar-se às surpresas

*Se eu não puder encontrar uma maneira de relaxar, isso se estenderá na reunião. Posso me tornar muito controlador e não permitir que as coisas se desenrolem.*

Chris Corrigan
Facilitador e Consultor de Processos, Harvest Moon Consultores

Uma reunião sem surpresas é uma reunião onde não acontece nada de particularmente importante. Aprendemos pouco sem as surpresas, porque tudo que ocorre é exatamente o que esperávamos. As surpresas são a centelha de ruptura que muitas vezes acende o fogo cruzado para a inovação. Mas nossa natureza humana é tal que, quando eventos chocantes ou simplesmente inesperados ocorrem, nos ressentimos deles.

Quando podemos adaptar-se às surpresas, nós nos tornamos capazes de acolher e trabalhar em conjunto com o que acontece. Em face das surpresas, incorporamos graça e adaptabilidade sem esforços: deixamos de nos aferrar a resultados pré-concebidos, de resistir a eventos imprevistos e de nos ressentir das mudanças inesperadas no programa que trabalhamos tão incansavelmente para montar. Quando passamos com fluidez pelo fogo cruzado, convidamos o que for inesperado para ser nosso parceiro na dança. Entendemos que cada pessoa, cada evento, cada fragmento de informação nova e todas as emoções expressas passam a ser nossos parceiros na criação de algo novo.

### Como nos queimamos?

A nossa vulnerabilidade-chave é o nosso desejo de controle. Depois de quase vinte e cinco anos de trabalho com grupos de todos os tamanhos e tipos, ainda preciso relembrar que não posso controlar o que as pessoas dizem, como elas dizem e o que fazem durante uma reunião. Ainda sou obrigado a me render ao fato de que a discussão não é tão previsível, lógica e linear como gostaria que fosse. E precisei aceitar a Lei do Trapaceiro. O Trapaceiro, figura mitológica em diversas tradições culturais, serve como um professor ardiloso. Justo no momento em que pensamos estar no caminho para atingir nossos objetivos, o Trapaceiro nos joga uma bola em curva, uma bola de neve, ou uma bola de pelo – algo completamente inesperado que não temos ideia como pegar, muito menos como agarrar. No contexto das reuniões, o Trapaceiro pode aparecer como um participante que age de um modo que você rotularia de "ilógico" ou "inadequado". O Trapaceiro também pode aparecer na forma de eventos ou circunstâncias (talvez uma tempestade de neve ou a doença de um participante-chave) que interrompem um plano bem orquestrado. Ele ainda surge na forma de uma percepção na qual o grupo tropeça, uma percepção que precisa de mais tempo para ser debatida – tempo que você não tem. Durante muitos anos, quando me via confrontado por Trapaceiros, busquei controlá-los – busquei manipulá-los ou levá-los à submissão. E muitas vezes fui eu quem se viu levado à submissão, à resignação ou ao ressentimento. Quanto mais lutei para recuperar o controle, mais o perdi.

Eis o que aconteceu com um facilitador anônimo quando parecia que o grupo não conseguiria tudo que fora planejado para a reunião: "Eu me senti frustrado com eles porque não trabalharam mais rápido. Mas, honestamente, fiquei muito irritado comigo por não preparar um programa mais realista. De todo modo, agora eu sei que minha impaciência e frustração eram bem visíveis. E elas se colocaram no caminho, me impedindo de auxiliar o grupo"[1].

Conhecemos os Trapaceiros que têm poder sobre nós – certos eventos e pessoas que acionam nossos medos e nossa necessidade de controle. Quando nossos Trapaceiros mais poderosos aparecem e desejamos ir para o confronto em vez de convidá-los a dançar, deixamos de ver as coisas claramente e de adaptar-nos ao que acontece na sala. Quando focamos no controle e não deixamos as coisas fluir, eis o que acontece:

- Perdemos nosso senso de humor.

- Tornamo-nos obcecados por aquilo que não funciona e em nossa incapacidade de sair desse foco.

- Desistimos, convencidos de que não podemos auxiliar.

- Sentimo-nos irritados e ressentidos, responsabilizando a nós e aos outros pelo que acontece.

- Tentamos utilizar nosso conhecimento ou nossa autoridade para afirmar nosso controle sobre o que as pessoas dizem, fazem e sentem.

- Aferramo-nos aos nossos planos, fingindo que o inesperado não aconteceu.

Cada uma dessas respostas é uma reação muito natural em um momento acalorado. Quando nos surpreendemos, facilmente entramos na trincheira e ficamos rígidos, em busca de proteção e nos fixando em nossos pensamentos. As diversas reações indicam que estamos ligados a algo, que é muitas vezes uma opinião sobre o que deveria acontecer. Por exemplo: *Nós deveríamos ser capazes de garantir o resultado da reunião e também de poupar tanto desconforto e angústia aos participantes. Se um plano é bom, não deveríamos ser obrigados a mudá-lo. As pessoas deveriam ser mais lógicas e menos emocionais. Elas deveriam se comunicar de forma concisa e chegar na hora. E deveríamos agir rapidamente para colocar as coisas de volta nos trilhos quando ficassem confusas.*

Aqui está um exercício útil: durante sua rotina diária, preste atenção ao momento em que você se torna impaciente ou perde seu senso de perspectiva. Observe o que você sente e pensa ao esperar na linha de um serviço de atendimento ao cliente ou ao navegar pelo *site* de reservas de uma companhia aérea. Preste atenção ao seu humor enquanto está na fila do supermercado ou num congestionamento na avenida. Observe o que sente quando as pessoas em sua vida o desapontam.

Agora leve esse olho treinado para o seu trabalho e comece a observar de que maneira você se torna inflexível diante de expectativas não atendidas. Quais "deveres" autoimpostos você adota em suas reuniões e relacionamentos?

## Que significa adaptar-se às surpresas?

Significa aprender a ser fluido e flexível diante de eventos inesperados que têm o potencial de surpreender. Significa estar disposto a render-se às realidades de uma situação para, então, trabalhar de forma criativa com essas novas realidades.

Harrison Owen, o criador da Open Space Technology, chama as pessoas que dominam a habilidade de adaptar-se às surpresas de "surfistas". Ele as descreve como "pessoas curiosas detentoras de uma capacidade inata de seguir, aproveitando constantemente as oportunidades enquanto os outros não enxergam nenhuma, ou só enxergam desastres"[2]. Ele afirma que essas pessoas, que sabem "navegar nas ondas", não levam muito em conta o planejamento, o que é lógico ou que é fruto de um trabalho árduo. Na verdade, elas levam muito em conta, sim, essas qualidades e lhes dão grande valor, porém o que faz com que sejam um ponto fora da curva é o fato de compreenderem as limitações do planejamento, da lógica e do trabalho árduo.

QUAIS QUALIDADES DEVEMOS CULTIVAR PARA ADAPTAR-SE ÀS SURPRESAS?

Enquanto as fagulhas da divergência começam a voar pela sala ou a fumaça da confusão se espalha pelo ar, como podemos empregar a graça natural de um bailarino para responder habilmente a esse momento? A adaptabilidade de que precisamos envolve o cultivo de três qualidades: *libertar-se, divertir-se* e *ter fé*.

Vários anos atrás, eu tive a oportunidade de trabalhar em um negócio extraordinário. Era uma cooperativa de artistas fundada por artistas aposentados e desabrigados, uma espécie de "casa dos artistas". Alguns deles lutavam contra os vícios e também sofriam de doenças mentais. Muitos passaram algum tempo na prisão. Reuni-me com os artistas no armazém que alugavam em uma das áreas mais pobres e degradadas do centro de Los Angeles. Fui convidado para facilitar uma reunião de planejamento estratégico envolvendo todos os membros. Uma das questões fundamentais que a organização enfrentava era como promover e vender de modo mais eficaz a "arte marginal" para o público.

Cerca de vinte minutos depois de a reunião começar, uma das participantes começou a rir alto, dando tapas na mesa e murmurando algo sobre "pegar o ônibus". Julguei que se tratava de um tique nervoso e mais tarde um dos líderes me contou que ela sofria de uma doença mental e que a medicação dela havia terminado no início daquela semana. Logo os acessos se tornaram mais sucessivos e perturbadores. Ela começou a cantar "Pegando o ônibus, sim, sim, sim, pegando o ônibus". Precisei me esforçar para sair da ansiedade e frustração que sentia e passar para um sentimento de compaixão por aquela mulher. Eu não queria que nossa reunião fosse sequestrada por uma pessoa que parecia ter uma conversa maravilhosa em um universo paralelo.

Não era possível retirar a mulher da sala nem ignorar a presença dela. Os tapas na mesa, as risadas e a cantoria dela eram a realidade naquele ambiente e, quanto mais cedo eu me rendesse a tudo aquilo, melhor seria. Tomei rapidamente a decisão de pedir que os demais artistas criassem algum tipo de "arte" com base naquela situação. Escrevi no quadro "ideias para divulgar nossa arte" e convidei as pessoas a participar, dando tapas na mesa e cantando. Em questão de instantes, surgiu uma performance animada bem ali – pessoas fazendo percussão, outras cantando e outras gritando ideias. A dama do ônibus pareceu encantada. Nós paramos de nos sentir incomodados e ressentidos e nos tornamos brincalhões e participativos. E a melhor parte: no final daquele dia de planejamento, o grupo decidiu que a melhor forma de promover a "arte marginal" da empresa seria comprar um ônibus escolar recondicionado, decorá-lo e levá-lo, como uma galeria móvel, para festivais de rua em todo o Estado.

Eu percebi que não tinha escolha senão render-me aos fatos colocados na mesa – aquela mulher era parte da reunião e não seria silenciada. Precisei deixar de lado meu plano original. Na verdade, lembro-me de sorrir para mim, pensando que talvez ela fosse a única pessoa sã na sala e nós fossemos os loucos, tentando utilizar um processo de planejamento linear em um armazém na parte pobre e cheia de vagabundos da cidade. E quando me perguntei: "E como você quer que a história se desenrole a partir daqui, Larry?", comecei a brincar com meus pensamentos. Foi então que surgiu a ideia da música. O que me permitiu sugerir aquela ideia maluca foi minha fé. Eu já vira os objetos bonitos criados por aqueles artistas utilizando lixo industrial e matérias descartadas. Eu sabia que eles podiam criar uma música mediante improvisação musical. Graças à minha vontade de, literalmente, improvisar com surpresas, o que era uma distração incômoda na parte da manhã tornou-se uma ideia lucrativa pelo meio da tarde.

## LIBERTAR-SE

Para que seja possível permanecer no meio do fogo cruzado e nos mover com o fluxo ao mesmo tempo, precisamos examinar nossas conexões e ligações – as crenças que desejamos manter e as coisas a que sentimos ter direito. Quer admitamos ou não, muitos de nós nos ligamos à ideia de ser apreciados e vistos como especialistas. Nós queremos ser necessários. Como mencionei anteriormente, ligamo-nos a determinadas expectativas sobre como as pessoas devem agir e sobre como as coisas devem acontecer em nossas reuniões. Quando essas conexões e fixações entram no caminho de nossa adaptação, elas bloqueiam nossa eficácia como líderes e facilitadores.

Quais ideias você agarra tão firme que dificultam a eficácia? Aqui estão algumas possibilidades a considerar:

- Crenças sobre quem você é, e o que deve ser capaz de fazer.

- Expectativas sobre como os outros devem se comportar, o que é "adequado" e "inadequado" em um cenário determinado.

- Opiniões sobre quão rápidas ou suaves e de acordo com o plano as coisas deve ocorrer na reunião

- Um investimento em determinados resultados.

Libertar-se é manter tais crenças e expectativas e manter a disposição de liberá-las quando isso servir a sua intenção de orientação. Libertar-se envolve primeiro reconhecer as coisas às quais se sente preso, nomear cada uma delas e, então, afrouxar a aderência psicológica. Um facilitador que entrevistamos verificou que era fortemente ligado à própria agenda: "Quanto mais eu tentava convencê-los da justeza do que havia planejado", ele disse, "tanto mais eles resistiam. Finalmente, quando percebi o que fazia e manifestei uma maior abertura para refinar o que fora planejado, a resistência das pessoas desapareceu"[3]. Eu passei por uma experiência semelhante com um grupo de agricultores e representantes de trabalhadores rurais, ao participar da força-tarefa de um projeto de habitações rurais que seriam construídas pelo Estado. Nos primeiros trinta minutos de reunião, as pessoas já começavam a apresentar a própria longa história de decepções e traições. A conversa foi esquentando e pude sentir a sala de reuniões se dividindo em duas facções. Percebi que os objetivos que eu planejara com alguns dos líderes não era realista. Simplesmente as pessoas ainda não estavam prontas para ter o tipo de conversa que esperávamos.

Assim que me senti capaz de me libertar da minha necessidade de atingirmos os resultados pré-determinados daquela reunião, diversas possibilidades interessantes se abriram. Trabalhando durante um dos intervalos com os organizadores do encontro, pudemos rapidamente redefinir as metas e redesenhar as prioridades da discussão. No início da reunião, acreditei que, se eu abandonasse o meu plano original, isso me faria parecer fraco e incompetente como facilitador. Mas a decisão acabou tendo o efeito exatamente contrário. O plano B desenvolvido durante aquele intervalo alcançou uma reconciliação entre os membros do grupo, necessária para que o grupo finalmente chegasse a um consenso no primeiro plano de abrangência estadual relacionado a habitações rurais.

Quando estamos no meio do fogo cruzado, a maioria de nós tem uma atitude similar à que temos diante de um fracasso. Acreditamos que, se não formos capazes de fazer o movimento correto no momento certo para auxiliar o grupo, seremos avaliados como incompetentes e que perderemos nosso status e nossa credibilidade. Nós tememos que o grupo possa patinar e fragmentar-se. Tememos que todos se sentirão desconfortáveis e que aquele momento durará para sempre!

Liberar nossas conexões pode nos auxiliar a mudar nossa atitude perante o fracasso. Afinal, como o guru de liderança Kevin Cashman escreve: "O fracasso é um rótulo subjetivo que aplicamos a experiências indesejadas ou inesperadas"[4]. Ao abrir mão de nossas conexões, poderemos nos concentrar em questões mais úteis, como *O que é mais necessário neste momento?* e *Que lições este momento contém para mim e para este grupo?*

### DIVERTIR-SE

Quando abordamos temas sérios e complexos com um espírito mais lúdico, isso traz ao trabalho a alegria, a plenitude da participação, a espontaneidade e o humor. Construir a capacidade de brincar significa aprender a enxergar o caos, a confusão e o conflito como parceiros e não como inimigos. Para sermos lúdicos e divertidos, devemos encarar a abordagem com leveza. Podemos levar o trabalho a sério, mas não precisamos nos levar demasiadamente a sério.

Uma crença que me ajudou a divertir-me mais em meu trabalho, e que facilitava aquelas reuniões de alto risco, foi a noção de que não existe aquele "movimento correto" em nenhuma situação determinada, e sim ter à mão diversas opções. Essa crença me libera para jogar criativamente com as ideias e com as escolhas que posso fazer. No mesmo sentido, escreveram Margaret Wheatley e Myron Kellner-Rogers no livro A *Simpler Way*: "A agilidade e a liberdade de ser criativo são possíveis quando se foca naquilo que funciona melhor e não naquilo que parece certo"[5].

A capacidade de brincar com os próprios erros é particularmente útil quando você precisa se recuperar de um passo em falso: quando preso a uma resposta defensiva, ou mesmo quando faz uma intervenção que cria mais confusão ou ansiedade. Nós cometemos erros o tempo todo e, se pudermos brincar com isso, rimos e continuamos jogando. Às vezes podemos até utilizar nossos erros para criar algo grande. Mas isso também nos obriga a enxergar nossos erros como parte da grande arte criada.

Uma colega minha me contou sobre um momento em que ela foi capaz de utilizar a jovialidade e o bom humor para se recuperar depois que perdeu a neutralidade. Ela mediava uma reunião na própria comunidade e, quando um problema veio à tona, com o qual ela se importava muito profundamente, deixou escapar a própria opinião quando estava à frente de todos. Foi apenas um lapso momentâneo, mas ela percebeu, pela expressão no rosto dos participantes, que violara o acordo de ser imparcial, que fizera com o grupo. Sem hesitação, ela sorriu e disse: "Vamos rebobinar," e fez o melhor para readquirir a postura contrária da que tivera antes. A resposta foram risadas dos membros do grupo. Ela respirou profundamente, desculpou-se por momentaneamente fugir do próprio papel e reiterou seu compromisso de continuar neutra.

### TER FÉ

Outra capacidade que nos permite avançar com fluência e improvisação durante as situações difíceis é ter fé. A fé não é necessariamente manter uma inquestionável confiança em alguém ou algo. A fé implica manter um questionamento ativo e comprometido sobre a maneira como o mundo funciona e sobre as crenças que realçam e reafirmam a vida. A fim de poder me movimentar fluidamente na dinâmica difícil de um grupo, aprendi a colocar a minha fé nas seguintes crenças:

- Toda vez que eu convoco um grupo de pessoas é uma oportunidade de criar o mundo em que quero viver.

- Rupturas, surpresas, contratempos e desordem, que frequentemente rotulamos de "fracassos", são uma parte normal da viagem em direção à inovação e à transformação.

- Tudo e todos estão interligados e são interdependentes – eu afeto os outros e sou afetado por eles, de um jeito que muitas vezes não sou capaz de enxergar.

- Minha habilidade de ter uma presença sincera, autêntica e fundamentada num espaço de encontros aumenta a chance de os outros terem a mesma postura.

Como podemos cultivar a fé? Não é útil investir tempo tentando provar que essas crenças são empiricamente verdadeiras ou falsas. Sugiro que, quando escolher onde colocar sua fé, prefira as crenças que lhe permitam estar a serviço dos grupos, mantendo o ego em cheque e, assim, poder vivenciar os momentos incertos e dolorosos do fogo cruzado. Pergunte-se: *Quais as crenças que me colocam em harmonia, em vez de me colocar em conflito com os desafios e mistérios da vida?* Com o tempo, você desejará questionar essas crenças, não baseado nas próprias verdades, mas no potencial que elas têm de aumentar a própria capacidade de se adaptar às surpresas e de manter uma presença centrada em situações acaloradas.

### O QUE MUDA QUANDO APRENDEMOS A NOS ADAPTAR ÀS SURPRESAS?

Quanto mais mantivermos uma postura flexível durante os momentos difíceis, mais auxiliaremos a mudar a nossa energia e a das pessoas à nossa volta. Quando demonstramos a capacidade de nos movimentar com o fluxo, podemos aumentar o nível de *agilidade* e *confiança* em uma reunião.

### AGILIDADE

Praticando a adaptação às surpresas passamos a ganhar agilidade – rapidez e confiança – especialmente diante de obstáculos inesperados. A fluidez faz com que aceitemos mais rapidamente as situações difíceis, tornando-nos mais capazes de enxergar, também mais rapidamente, as escolhas e, portanto, fazer movimentos mais hábeis, até mesmo quando a opção for a de não nos mover. Não ficamos presos em nossa própria resistência ou ressentimento sobre o que acontece. Não perdemos nosso tempo cavando uma posição ou nos mantendo firmes em uma expectativa sobre como as coisas deveriam ser. A ausência de desentendimento autoimposto permite que nos adaptemos com facilidade e rapidez. E nossa rapidez em fazer os ajustes não permite também que os outros fiquem presos na própria resistência.

## CONFIANÇA

Quanto mais praticarmos uma adaptação com fluidez utilizando as surpresas como parceiras, mais confiança ganharemos em nossa capacidade de lidar com qualquer coisa que surgir no caminho. Enquanto construímos nossa capacidade de nos separar de determinadas expectativas, de sermos mais joviais e termos mais bom humor e de escolher as crenças nas quais depositar nossa fé, nos mostramos mais confiantes ao enfrentar momentos de alta tensão. A confiança em nossa habilidade de adaptação transmite ânimo ao grupo, especialmente nos momentos de dúvida e ansiedade.

> As surpresas mostram-se inesperadamente, sem aviso e de maneira indesejada. Elas certamente surgem nas reuniões. Não podemos impedi-las e nem controlá-las, porque não temos como prevê-las. Em vez de ficarmos ressentidos, ansiosos ou de nos deixarmos distrair por elas, precisamos aprender a adaptar-se às surpresas – convidando essas hóspedes indesejadas para nosso encontro, acolhendo as possibilidades criativas que elas oferecem. Adaptar-se às surpresas é a capacidade de responder com flexibilidade e graça quando o inesperado acontece.

Quando aprendemos a nos aproximar do inesperado com jovialidade e leveza, transformamos em um avanço o que de início parecia uma ruptura.

### PERGUNTAS PARA REFLEXÃO

- Em que momento o fato de se render à realidade das pessoas, comportamentos ou circunstâncias difíceis permitiu a adaptação de forma a melhor servir o grupo?

- Que crenças e expectativas sobre si e às quais você se agarra fortemente, tendem a minar sua capacidade de ser flexível?

- Quem são os Trapaceiros de sua vida – pessoas e eventos que lhe ensinaram sobre flexibilidade e revelaram seus padrões de rigidez, julgamento e controle?

- Em quais situações aparece seu senso de diversão e jovialidade e de experimentação? Que crenças internas e condições externas permitem que isso aconteça?

- Quais as crenças que lhe permitem superar os medos, mover-se com o fluxo, ou fazer uma jogada ousada em seu trabalho?

### TENTE ISTO

Você se sente ligado a quê? A qual parte de sua imagem pública (por exemplo, asseio) você está fortemente ligado? A quais coisas materiais (livros, por exemplo) você se sente fortemente ligado? A qual tipo de conforto (talvez o banho quente de todas as manhãs) você se sente fortemente ligado? A qual rotina diária ou semanal (um café quentinho na padaria, talvez) você se sente fortemente ligado? Desista de uma dessas coisas durante uma semana. Se mostrar-se asseado for importante, pare de pentear os cabelos antes de sair. Se você é ligado em banhos quentes, tome banhos frios por uma semana. Observe quais as emoções e crenças que veem à tona. Durante o processo, observe que outros vínculos você descobre. Nas semanas que se seguem a esse exercício, mantenha três listas:

- Coisas que eu preciso acreditar sobre mim.

- Coisas que eu preciso fazer.

- Coisas que eu acredito que deveriam acontecer.

# CAPÍTULO 8
# Com compaixão

*Às vezes mantemos firmemente nossa imparcialidade e nossa distância profissional e o custo disso é não permitirmos que a compaixão faça parte de nosso trabalho.*

Sidney Wasserman
Professor de Serviço Social

Quando chegarmos ao final deste capítulo, gostaria que você já estivesse familiarizado com um modo de permanecer de coração aberto para os outros e para si. Como agentes de mudança trabalhando em situações emocionalmente instáveis, nosso objetivo não é nos anular ou nos tornar impermeáveis aos sentimentos desagradáveis. Nosso objetivo é aprender a sentir o medo humano e o desgosto sem entrarmos no padrão "bater ou correr". Neste capítulo, exploraremos como as capacidades de abertura emocional, autoaceitação, sensibilização de toda a pessoa e consideração positiva incondicional permitem mediar o fogo cruzado de modo a convidar a dignidade humana a preencher espaços onde o medo, a intolerância e a agressividade possam assumir o controle.

### Como nos queimamos?

Geralmente, onde existe o fogo cruzado do grupo há dor e sofrimento. E o sofrimento, quase sempre, leva as pessoas a ter reações do tipo "bater ou correr". Apesar de algumas noções mais antigas sobre o papel do facilitador – uma pessoa que "permanece do lado de fora de tudo isso" –, somos de fato uma parte muito real e muito conectada desse sistema. Quando as coisas esquentam, não temos nenhum terno resistente ao fogo cruzado que possamos utilizar e nem isso serviria ao propósito, se o tivéssemos.

Como profissionais que passam muito tempo trabalhando com grupos, sabemos como gostaríamos que as pessoas funcionassem quando alcançassem os pontos mais ásperos. Nós as vimos atuando e dando o melhor delas, sendo mais colaborativas, sendo mais comunicativas, e certamente seria muito mais conveniente se todos se mostrassem dessa forma durante todo o tempo. Mas a realidade dos grupos é que eles raramente fazem aquilo que gostaríamos que fizessem. As pessoas são acionadas para reações emocionais. Algumas tornam-se argumentativas, outras ficam agressivas e outras, ainda, recolhem-se em silêncio.

Quando a dinâmica do grupo fica desafiadora e os indivíduos começam a agir de forma reativa, nós também podemos nos comportar de forma reativa. Sabemos quando fechamos nosso coração quando:

- Sentimo-nos superiores aos demais.

- Ficamos insensíveis ao que acontece em volta.

- Sentimo-nos impacientes e irritados conosco ou com os outros.

- Agimos de maneira indelicada ou mesmo prejudicial em relação a nós ou aos outros.

- Rejeitamos ou ignoramos certas pessoas.
- Rotulamos silenciosamente as pessoas com palavras como: inadequado, manipulativo ou insensível.
- Decidimos que conhecemos os motivos, o caráter ou a competência de alguém.
- Tornamo-nos intimidados ou deferentes em relação a determinadas pessoas.

Essas reações diminuem o tipo de segurança e de confiança que esperamos criar em nossas reuniões. Sabemos disso intelectualmente, mas nossos medos e julgamentos surgirão, a menos que possamos expandir nossa capacidade de compaixão.

## A REPRESSÃO COMO MODO DE FUGA

Diante de um comportamento que julgamos irritante ou problemático, nossa reação-padrão é procurar uma saída. Como muitas vezes não somos capazes de abandonar a sala de reuniões, encontramos maneiras psicológicas de fuga. Em nome do "distanciamento profissional", nós amortecemos nossas mentes e anestesiamos nossos corações. Embora determinado nível de distanciamento seja bastante útil, nos convencemos frequentemente de que um total desapego emocional será o melhor em determinado momento inflamável.

Alguns de nós aprendemos a nos distanciar emocionalmente das situações mais intensas já em tenra idade. Quando eu era criança, frequentava uma escola onde precisava suportar encontros diários com um grupo de crianças que intimidavam a mim e a outros garotos. Mais ou menos da quinta série em diante, eu acordava a cada manhã, ficava em frente ao espelho e praticava um olhar sem medo. Eu também praticava insensibilizar minhas emoções, especialmente o medo. Quando criança, aprendi que fazer isso me auxiliava a passar pelos corredores da escola todos os dias. Mas, como adulto, aprendi que uma abordagem semelhante não era muito eficiente quando se tratava de liderar grupos com dificuldades. Durante muitos anos, facilitei grupos em conflito com completo distanciamento e uma presença quase clinicamente inexpressiva.

Eu julgava que esse nível de desprendimento das emoções servia aos interesses do grupo, mas logo pecebi quanto perdia ao não permitir minha aproximação ao que o grupo sentia. Agora eu entendo que só tirando meu casaco à prova de balas emocional e me expondo aos sentimentos desconfortáveis da vida é que posso auxiliar os outros a navegar pelas próprias vidas.

A repressão e a negação das emoções podem tornar-se uma forma de apatia aprendida. A palavra grega *apatheia* significa "não sofrimento", ou a incapacidade de experienciar a dor. Embora isso pareça ser um estado de bastante apelo, trancar nossos corações tem consequências profundamente negativas. Anestesiar-nos para o mundo das emoções requer uma quantidade enorme de energia e nos impede de compreender o que realmente acontece. Nós não podemos mediar o fogo cruzado se não sentirmos a intensidade dele. Não podemos nos colocar a serviço das lutas do ser humano se tivermos nos isolado daquela qualidade fundamental daquilo que significa ser humano.

Larry Dressler

## A AGRESSIVIDADE COMO MODO DE LUTAR

Quando as coisas ficam tensas, queremos resolver a tensão. Tentamos virar o jogo com aquilo que julgamos ser uma intervenção elegante e ideias inspiradoras. Se isso não funcionar, tentamos colocar as coisas nos trilhos por modos abertos de agressividade, como o uso de linguagem argumentativa e expressões faciais, como franzir a testa e revirar os olhos. A culpa é outra forma de agressão. As formas mais sutis de agressão utilizam o sarcasmo ou um tom de voz condescendente.

Também podemos expressar a agressividade de forma dissimulada ou passivamente, ao evitar o contato visual, manipulando as pessoas ou ignorando-as. Tais atitudes podem implicar a crença de que alguém no grupo age de forma pouco cooperativa, ilógica ou politicamente motivada.

Essas são as formas de agressividade reativa. Mas nem todos os tipos de agressão são negativos. A agressividade também pode ser a utilização forçada de energia para fins construtivos. Por exemplo, se nos colocamos de forma assertiva a fim de lembrar o grupo dos próprios compromissos operacionais ou se intervimos em um ataque pessoal, participamos de forma construtiva e adequada de um tipo qualquer de agressão, fundamentados na integridade da intenção de orientação que exploramos anteriormente.

## AS PROJEÇÕES EM JOGO

Nossos corações se fecham diante dos outros, principalmente por causa de nossas projeções. Nos projetamos quando atribuímos as nossas qualidades, humores e motivos às outras pessoas. O que rejeitamos em nós rejeitamos nos outros. Aquilo que admiramos em nós admiramos nos outros.

Utilizamos a projeção para nos mantermos cegos diante de certas partes de nós que não desejamos ver. Podemos pensar: "Esta pessoa faz politicagem", como uma forma de negar aquela parte de nós manipuladora e politicamente motivada. Podemos julgar: "Esta pessoa é alguém muito irritada e disfuncional", como forma de negar a raiva dentro de nós. Se não tivermos consciência de que fazemos essas projeções, as histórias que criamos sobre os outros podem levar-nos rapidamente a posturas negativas, como desconfiança e arrogância.

## O QUE SIGNIFICA FICAR NO MEIO DO FOGO CRUZADO COM COMPAIXÃO?

Um dos nossos maiores desafios, quando estamos no meio do fogo cruzado, é lembrar que lutamos com a incerteza, as contradições, a ambiguidade e a dor, enquanto buscamos a sabedoria coletiva e o consenso. Em nosso trabalho, encontramos pessoas que rotulamos como indivíduos mesquinhos, arrogantes, resistentes, desrespeitosos, cínicos ou maldosos. Permanecer e resistir no meio do fogo cruzado com compaixão significa reconhecer a luta e o sofrimento das pessoas. Mesmo que elas não correspondam às nossas expectativas, reconhecemos a nossa própria luta na delas. A palavra hebraica para misericórdia, ou compaixão, é *rachamim*, que compartilha da mesma raiz linguística da palavra *rechem*, que significa "útero"[1]. Sob essa luz, "compaixão" sugere a ligação humana e a ternura associadas com a maternidade. É uma conexão que transcende a separação física e que, mesmo nos momentos mais difíceis, nos permite o perdão e a bondade.

A compaixão não nos impedirá de enfrentar comportamentos e pessoas desafiantes, o que poderia ampliar a zona de conforto delas. Na verdade, a compaixão por vezes exige isso de nós. Mas ela também não significa ter pena das pessoas. Sentir pena das pessoas só aumenta uma possível sensação de que elas são vítimas e nós, os salvadores.

Antes de podermos estender a compaixão sobre os outros, devemos aprender a compaixão em nós. Só é possível abrir totalmente o coração para os outros se formos capazes de reconhecer a autoagressão – e detê-la – bem como o ódio e a culpa dirigidos a nós. Teremos menos probabilidade de infligir aos outros aquilo que estivermos dispostos a não infligir a nós.

Liderar com compaixão transforma nossa maneira de ver e de ser. Podemos ver uma situação com compaixão ou com agressão. Essas duas maneiras de ver as coisas determinam o tipo de recurso que nos tornamos para o grupo.

Eu precisei transformar meu modo de ver as coisas de uma postura agressiva para uma postura mais compassiva, quando uma colega e eu facilitávamos uma sessão de treinamento em liderança sobre como se manter em uma conversa mais feroz[2]. Logo no início da sessão, três homens, sentados um perto do outro, começaram a falar em voz alta e de modo muito crítico sobre a futilidade de um curso daquele tipo. "Sim", disse um deles, "se eu tiver uma conversa cândida e sincera com meu chefe, precisarei trabalhar ferozmente em meu currículo, porque precisarei procurar um novo emprego". Muito rapidamente, comecei a ver esses homens como meus adversários. Convenci-me de que precisava impedi-los de continuar destruindo meu *workshop*. Por fora, tentei rir das piadas e avaliar as ideias e formar uma opinião sobre elas antes de descartá-las. Mas sabia que a minha impaciência era aparente em meu tom de voz e em meu rosto.

Durante o primeiro intervalo, perguntei à minha colega o que faríamos com aqueles participantes que poderiam causar mais problemas. Fiquei chocado ao ouvir a resposta dela: "Mas quais participantes causam problemas? Adoro o fato de que eles são tão sinceros e francos durante um seminário sobre a sinceridade". Durante toda aquela manhã, senti-me na defensiva e com ressentimento daqueles homens. E durante toda a mesma manhã, minha colega sentia-se encantada com a franqueza e com a forma aberta com que eles falavam das próprias dúvidas. Estávamos na mesma sala, mas tínhamos uma abordagem completamente diferente sobre o que acontecia.

Quando voltei para a sala depois do intervalo, observei minha colega perguntar sobre os medos e dúvidas daqueles que expressavam mais ceticismo. Logo outros começaram a expressar preocupações semelhantes. Lembrei-me de meus próprios embates para falar com pessoas que exerciam autoridade e fui capaz de compartilhar algumas dessas lutas com o grupo. Em uma hora, as pessoas pareciam mais animadas para continuar com o treinamento. Eles tinham certeza de que os próprios medos, esperanças e preocupações foram ouvidos. Por meu lado, reconheci a humanidade dessas pessoas e, ao fazê-lo, lembrei da minha própria humanidade.

Vivenciando as lutas dos outros, reconhecemos nossa própria jornada de dor e sofrimento. É nessa jornada que descobrimos a tolerância, a aceitação e a satisfação. Ao longo do caminho nos tornamos menos suscetíveis às reações- padrão – antipatia, rejeição, culpa, idealização, ressentimento e papel de salvador.

### QUE QUALIDADES CULTIVAR PARA TER COMPAIXÃO NO MEIO DO FOGO CRUZADO?

Aprender a ter compaixão é esforço de uma vida. Justo quando julgamos que somos a personificação de um coração aberto, na vida particular e no trabalho, uma nova e desafiadora pessoa entra na sala e nos lembra de questões com as quais, dentro de nós, nos debatemos. As qualidades que nos auxiliam a ter compaixão no meio do fogo cruzado são as mais desafiadoras deste livro, porque não conseguimos pensar no caminho em direção a elas. Elas exigem que nos permitamos sentir coisas das quais nossos instintos como seres humanos pretendem nos proteger.

## ABERTURA EMOCIONAL

Desenvolver a capacidade de ser emocionalmente aberto significa tirar uma armadura de estratégias de autoproteção, utilizada a vida toda. Durante a entrevista para este livro, o antigo facilitador Mark Jones descreveu o que entendia sobre o papel que a vulnerabilidade emocional representa no trabalho: "Se compreendo o processo de meu próprio sofrimento e dor, de minha própria raiva e desespero, de meu sentimento de irrelevância ou de falta de conexão com as pessoas, isso me dá *insights* sobre como as outras pessoas se sentem. Essas experiências compartilhadas me permitem sair daquele nada em direção à empatia e à compaixão"[3]. Como Mark sugere, quando nos permitimos despertar para o nosso próprio sofrimento, podemos nos conectar com o mundo de dor e com as pessoas a quem devemos servir.

A abertura emocional significa abrir os corações para as emoções mais difíceis e também para as emoções mais prazerosas, e senti-las completamente – observando-as e vivendo-as – sem que tais emoções nos tirem do eixo. Quando abrimos o coração para a alegria, a esperança e a paixão, tornamo-nos mais capazes de atiçar a energia criativa do fogo cruzado do grupo. Quando permitimos que o coração sinta a dor, o sofrimento e o desespero, desencadeamos o potencial restaurador e purificador do fogo cruzado do grupo. Quando podemos sentir a gama das emoções sem nos dissolver em fugas ou em lutas, embalando suavemente o coração, tornamo-nos um berço que acolhe o coração de todos na sala.

## AUTOACEITAÇÃO

Rejeitamos nos outros aquilo que mais rejeitamos em nós. Isso é mais verdadeiro quando nos vemos no meio do fogo cruzado, assistindo ao drama das pessoas que se debatem com o conflito e a complexidade e com a incerteza de que os esforços delas serão bem-sucedidos. Se a vulnerabilidade nos ensina a vivenciar e dar nome às mais fortes emoções, a autoaceitação permite-nos aceitar a fonte das emoções. Ela significa reivindicar e acolher aquilo do que, que em nós, sentimos vergonha e medo.

O trabalho com os grupos talvez seja a melhor maneira de descobrir o que preferiríamos manter nas sombras. David Sibbett, um facilitador e proeminente líder, refletiu sobre a própria jornada em direção à autoaceitação durante a entrevista para este livro: "Se alguém me irrita completamente, concluo que essa irritação surge em função de minha própria não autoaceitação"[4]. Cada rótulo que criamos, cada julgamento que fazemos, é uma oportunidade para olharmos para dentro e nos perguntar: *O que de mim projeto neste momento? O que em mim precisa ser identificado e aceito?*

Levei muitos anos para perceber que os meus juízos em relação aos outros eram realmente expressões de minha autodepreciação. Por um longo tempo, eu me sentia impaciente e irritado com os participantes do grupo que não valorizavam o espaço maravilhoso que havíamos criado para compartilhar os pontos de vista. Dizia: "Agora se tornam literalmente invisíveis. Isso é covardia, mas não só isso, é também estúpido. Eles desperdiçam essa oportunidade". Naqueles momentos, eu representava o que em mim era menos assertivo e menos confortável, abrindo-me na presença de uma posição de poder e de oposição.

Quando aprendemos a aceitar o pacote inteiro de quem somos e transformar nossas sombras em aliados, tornamo-nos menos suscetíveis a julgar impulsivamente, a idealizar, a criar estereótipos, rejeitando as pessoas. Quando admitimos esses afetos que nos deixam desconfortáveis ou envergonhados, tornamo-nos menos propensos a ficar ansiosos, irritados, desconfiados ou a agir com menos arrogância em relação aos demais.

Devemos trabalhar a autoaceitação por toda a vida. Sempre olharemos as projeções como limitadoras se não aprendermos a ser honestos e amáveis conosco. Mark Hodge, um facilitador que trabalha na Índia, declarou: "Agora posso reconhecer as feridas que eu tenho necessidade de curar em minha vida e, como resultado, consigo avaliar melhor essas feridas nos outros". A maioria dos facilitadores e mediadores veteranos que entrevistei levaram muito a sério esse trabalho da autoaceitação, reconhecendo nela um caminho não apenas para a excelência profissional mas também para a realização pessoal. Eles cultivaram essa habilidade em muitas áreas: na psicoterapia, na meditação e na participação em grupos de formação em relações humanas. Qualquer que seja o caminho, o objetivo permanece consistente – reconhecer e aceitar tudo em nós.

## CONSCIÊNCIA DA PESSOA COMO UM TODO

Rapidamente, definimos as pessoas. Levamos em conta algumas pequenas informações – as roupas, o tom de voz, o título, a etnia, a reputação, o domínio da linguagem e alguns comportamentos. Nós combinamos essas observações com nossas próprias experiências e preconceitos, e criamos um rótulo – decidimos que sabemos como é aquela pessoa e quem ela é. Ele é um perito no que faz. É um líder de verdade. Ele tem uma agenda política. Ela é manipuladora. Ele é o decidido CEO. Ela é apenas uma supervisora. Agimos como se as pessoas existissem apenas no contexto da reunião, da empresa ou diante de um determinado problema. Rapidamente, também esquecemos que cada pessoa que entra na sala tem uma história de vida que vai além daquela sala.

Podemos nunca chegar a conhecer a outra pessoa completamente. Muito do nosso trabalho como facilitadores envolve a colaboração com as partes interessadas, em um ambiente estruturado por um determinado período de tempo. Ter consciência da pessoa como um todo não significa aprender a história de vida e as motivações de cada participante do grupo em que trabalhamos. Ao contrário, isso envolve uma conscientização permanente de que cada pessoa é muito mais do que mostra naquele momento, naquela reunião ou durante aquele dia. Fortalecemos a capacidade de compaixão quando conseguimos manter esta pergunta como um mantra: *Quem mais está presente nesta pessoa?*

Fazer-me essa pergunta abre meu coração para a possibilidade de que o CEO irritado, de 55 anos, que olha em minha direção com os braços cruzados, apertando os olhos e com uma carranca, também pode ser filho de uma senhora idosa, um pai que lê histórias para os filhos todas as noites; pode estar ansioso em pensar como ele é percebido pelos outros, pode mergulhar em profundos pensamentos, ou preocupado com a doença terminal da irmã, querendo abrir uma conexão comigo, se debatendo com um novo par de lentes de contato ou tentando desesperadamente digerir o *burrito* que ele não deveria comer antes da reunião. Talvez ele seja tudo isso e muito mais. Fazer a pergunta abre meu coração e me permite evitar reagir com base em minha limitada história do "CEO irritado", como se ela fosse a única história possível.

## CONSIDERAÇÃO POSITIVA INCONDICIONAL

Mesmo em meio a momentos mais reativos, devemos encontrá-la dentro de nós, a fim de reconhecer o valor dos outros. Precisamos aprender a enxergar aqueles que agem com raiva como sendo dignos de respeito e de honra. Essa maneira de ver os outros "estende" dignidade a eles. O amigo e colega Ruben Perczek me ensinou muito sobre o significado da dignidade. Ele me disse: "Ao receber e honrar o valor em mim, eu abro espaço para receber os outros, estendendo-lhes a dignidade. Dignidade não se refere muito àquilo que se faz ou diz. É uma maneira de ser que diz que ninguém deve ser considerado sem o devido valor"[5]. A expressão "consideração positiva incondicional" surgiu com o psicoterapeuta Carl Rogers. Refere-se a um apoio incondicional e aceitação das pessoas como alguém digno de nosso respeito, independentemente do que elas fazem em determinado momento. Ampliar e estender esse tipo de relação positiva significa nos aproximar de comportamentos difíceis sem fazer críticas ou sem ridicularizar. Isso não significa concordar com tudo ou tolerar o que as pessoas fazem. Nós nos aferramos à nossa intenção de orientar e à nossa integridade. Contudo, nossas intervenções estão livres de condescendência e escárnio.

Eu precisei refletir muito sobre o significado de "estender a dignidade" e, ao mesmo tempo, lidar com um comportamento de impacto negativo sobre o grupo. Por exemplo, mesmo que me encontre intervindo pela oitava vez, apontando ao cliente que ele mais uma vez interrompeu um membro da equipe, mantenho um profundo sentimento de que gosto dele e um real apreço pelo empenho pessoal dele em lutar contra a própria impulsividade. A consideração positiva muitas vezes nos desafia a procurar ativamente, dentro do coração, os motivos por que devemos respeitar as pessoas, mesmo nos piores momentos delas. Quando descubro meu coração fechando-se e a compaixão e a paciência desvanecendo, faço sempre uma destas declarações a fim de me reconectar com minha consideração pela pessoa:

> *Eu respeito você como o indivíduo único que começo a conhecer.*
> *Eu respeito o seu olhar sobre as coisas.*
> *Eu respeito a sua reação, mesmo sendo diferente da que eu gostaria que tivesse.*
> *Eu respeito a sua vinda até aqui para fazer esse trabalho difícil.*
> *Eu respeito este momento, em que é normal o debate.*

A consideração positiva cria uma aliança incondicional entre nós e os membros do grupo – uma aliança na qual as pessoas sentem-se seguras e confiantes para expressar as próprias verdades.

### O QUE MUDA QUANDO ESTAMOS COM COMPAIXÃO?

Quando aprendemos a sentir o próprio sofrimento, a identificar nossas projeções e enxergar os outros como seres humanos completos e dignos, independentemente do comportamento em dado momento, nossa presença traz a cura, a confiança e o amor para dentro do fogo cruzado.

Larry Dressler

## CURA

Muitas vezes as pessoas vêm para as reuniões que dirigimos sentindo-se alienadas, feridas e temerosas. Elas sabem que cada momento no fogo cruzado representa o risco de mais feridas. Então, quando vivenciam a compaixão, a gentileza e a aceitação expressas por nós, começam a sentir-se completas novamente. Quando podem expressar com segurança os próprios medos, alegrias, esperanças e sofrimento, voltam a lembrar-se do que significa estar conectado ao próprio coração e ao coração das outras pessoas. A postura de compaixão permite que a cura ocorra no interior do grupo, e as possibilidades também se estendem para uma ação compartilhada e coletiva repleta de compreensão e de perdão.

## CONFIANÇA

Não há elemento mais essencial para o trabalho de colaboração do que a confiança. Como organizadores, carregamos um peso especial. Para o melhor ou para o pior, as pessoas nos procuram para ajudá-las a estabelecer um espaço seguro para as conversas, onde há muito em jogo. Se aceitarmos a grande variedade de personalidades, recebendo-as como merecedoras de respeito, as pessoas acreditam que se comportarão de modo autêntico. As pessoas acreditam que podem levar as verdades para a mesa de discussões. Elas sentem que, se violarem um princípio ou um acordo, as abordaremos com carinho e compreensão. Quando nos veem agindo com confiança e compaixão em relação aos adversários, os corações recebem permissão para abrirem-se uns para os outros.

## AMOR

Nossas reuniões são microcosmos das empresas e comunidades. Cada vez que nos reunimos em uma conversa, esperamos nos tornar mais do que fomos no passado – mais produtivos, mais colaborativos e mais amorosos. Em uma sala repleta de corações fechados, um coração compassivo será o suficiente. Nossos maiores líderes entendem que a capacidade de transformação não vem das palavras, mas da disposição em demonstrar a própria vulnerabilidade e de oferecer dignidade. O amor criado pela compaixão cultivada no meio do fogo cruzado é mais do que um sentimento: é uma energia organizadora vibrante – o tipo de fogo cruzado que traz à vida aquelas sementes que antes dormiam.

Ficar no meio do fogo cruzado com compaixão significa lembrar-se de que todos lutamos com as incertezas, as contradições e a dor durante a busca pela sabedoria coletiva e o consenso. Isso significa que, mesmo quando as pessoas não vivem de acordo com nossas expectativas, reconhecemos a luta e o sofrimento. Compaixão não é nem piedade nem simpatia. De fato, ela exige que às vezes enfrentemos os outros. A capacidade de incorporar a paciência e a bondade diante de pessoas e comportamentos que poderíamos julgar como sendo impróprios, dolorosos ou maldosos é a forma mais poderosa de nos comportarmos como mediadores do fogo cruzado. Muitas vezes, esse é o maior desafio.

### PERGUNTAS PARA REFLEXÃO

- O que o permite manter um coração aberto, compassivo na presença de outras pessoas que agem de um jeito que você considera de mau gosto ou que pode minar os objetivos da reunião?

- Quando você se permitiu ser emocionalmente aberto? O que você ainda não se permite sentir plenamente?

- O que as pessoas fazem que o fisga nas reuniões? Para você, quais as qualidades e comportamentos difíceis de aceitar nos outros? De que formas elas estariam ligadas às suas qualidades que ainda não aceitou?

- Atualmente, quem o trata com consideração positiva incondicional? E o que você sente quando está com essa pessoa?

## TENTE ISTO

A praticante do "Deep Democracy", Myrna Lewis, sugeriu esta atividade[6]. Pense na última reunião em que participou e procure lembrar-se de um participante que realmente o deixou irritado de alguma maneira. Essa pessoa é aquela em cuja presença você sentiu a falta de neutralidade e de compaixão. Agora, peça a um parceiro que o acompanhe na reconstituição de algumas situações com a pessoa, cujo papel você representará. Exagere nas palavras da pessoa, no tom de voz, nas expressões faciais e nos gestos. Mesmo que você sinta algum desconforto com o nível do exagero, continue com a representação. Porque, ao continuar, você descobrirá a parte de você que essa pessoa representa. Dedique um tempo para conversar com seu parceiro e reflita sobre os aspectos da pessoa com os quais se identificou.

# PARTE 3
# PRÁTICAS

Nos capítulos anteriores, examinamos a importância dos estados interiores quando auxiliamos grupos a navegar por incertezas e fortes emoções. Os seis modos de ficarmos no meio do fogo cruzado não podem ser simplesmente convocados quando se tornam necessários. As qualidades associadas a cada uma dessas seis maneiras devem ser continuamente cultivadas e reforçadas como "memórias" psicológicas, espirituais, físicas e emocionais.

As práticas direcionadas ao interior de nós mantêm-nos na jornada da autodescoberta e do autodomínio. Tais práticas promovem a sensibilização e criam a prontidão. Elas nos auxiliam a "fazer amizade" com os nossos aspectos emocionais raivosos; auxiliam-nos a ir além das maneiras habituais de ver, pensar e fazer as coisas; e nos auxiliam a sobrepujar a sedução do ego. As práticas nos levam a conhecer nossas forças, a reafirmar nosso propósito e a nos manter conectados com nossa sabedoria interior. Por essas práticas, ganhamos confiança em podermos incorporar um modo de ser em que a capacidade de manter uma visão clara das coisas esteja ampliada, e em realizar ações mais eficazes.

Só porque sabemos algo não significa que podemos sempre incorporar esse conhecimento. A prática permite-nos ganhar experiência ao trabalhar com os nossos pensamentos, emoções e estados físicos em uma grande variedade de contextos, de modo que ao longo do tempo nós nos tornamos mais capazes de incorporar as seis maneiras de ficar no meio do fogo cruzado. Por exemplo, eu sei muito bem da importância de suspender os julgamentos quando tento ser imparcial e receptivo a outros pontos de vista. Apesar desse conhecimento e dessa consciência, um lado arrogante, cético e teimoso às vezes aparece sem ser convidado.

Realizar algumas práticas pessoais em momentos "aquecidos" nos auxilia a dar forma a um centro acessível e familiar, que nos torna capazes de manter o equilíbrio durante os momentos mais acalorados entre seres humanos. Isso também nos fornece os meios de nos recuperar quando perdemos o rumo das coisas. Essas práticas nos dão espaço para cometer erros e para colher os ensinamentos que nossos passos em falso geram. As práticas pessoais podem assumir a forma de uma atividade física ou mental. Podem ser empreendimentos solitários ou baseados em interação social. Elas podem ter uma natureza criativa, até mesmo ter uma natureza de improviso, ou podem ainda ser muito ritualísticas. Mas elas apresentam maior potência e integridade quando são realizadas com uma clara motivação, um alto nível de consciência, total atenção naquilo que aprendemos e gentileza quanto ao nosso eu de modo que, quando a clareza e a consciência falharem, seremos capazes de voltar às práticas sem resistência e autoagressão.

Embora as práticas coerentes e consistentes ampliem nosso conhecimento e capacidade como mediadores, o objetivo mais essencial delas é modelar quem somos quando navegamos em trabalhos complexos, conflitos e rupturas no processo. As práticas nos possibilitam criar um novo conjunto de maneiras-padrão de nos postarmos em meio ao fogo cruzado, que com o passar do tempo podem substituir as respostas motivadas pela impulsividade, autoproteção e emoção.

As práticas de desenvolvimento que qualquer um de nós escolhe têm origem em muitos lugares. Embora eu defenda que cada líder tenha um conjunto de práticas internamente dirigidas, não tento prescrever uma norma-padrão. Muitos livros foram escritos sobre tais práticas, alguns dos quais listados na conclusão deste livro. Os capítulos seguintes oferecem algumas categorias gerais e exemplos específicos na esperança de que você se inspire para criar e sustentar o próprio conjunto de práticas.

# CAPÍTULO 9
# Cultive a prontidão diária

*Acredito na importância de minhas práticas diárias como um auxílio para manter-me presente, livre e calma diante de qualquer confusão que possa acontecer.*

Peggy Holman
Consultora de processos e autora de *The Change Handbook*

Grandes bailarinos e músicos investem milhares de horas praticando a própria arte antes de a cortina subir. A fim de garantir a excelência durante o jogo, os atletas exercitam a atenção e as habilidades técnicas antes de entrar em campo ou na quadra. Da mesma forma, os mediadores do fogo cruzado devem ter um conjunto de práticas contínuas que os prepare para serem os melhores líderes.

Este capítulo descreve o valor dessas práticas contínuas. Nos auxiliará a conseguir uma relaxada e concentrada postura adequada em cada momento, libertando-nos de crenças e histórias limitantes; nos auxiliará, também, a acessar a compaixão, lembrando-nos de nossos dons e de nossos objetivos. Também examinaremos os desafios especiais em começar e manter a prática cotidiana, bem como os benefícios na preparação do trabalho em situações muito combustíveis.

## Por que práticas contínuas?

A melhor maneira de se preparar para momentos incendiários durante as dinâmicas de grupo é desenvolver sólidos hábitos mentais, no coração e no corpo, e em condições menos intensas. Por meio das práticas que cultivamos a cada dia, ficamos intimamente familiarizados com as vulnerabilidades pessoais, identificamos os nossos padrões limitativos de pensamento e comportamento e encontramos métodos que nos permitem desviar para um estado de calma, por meio do qual a nossa melhor capacidade de liderança pode ser expressa. As práticas contínuas permitem, ainda, a criação de um novo padrão de respostas que, ao longo do tempo, substituirá reações defensivas que, embora muito humanas, são menos eficazes.

As práticas contínuas são normalmente utilizadas fora do contexto de reuniões de alta temperatura, mas como você verá, nos capítulos seguintes, também podem ser levadas para o meio de reuniões mais desafiantes. Muitos de nós realizam práticas diárias, semanais e até mesmo anuais. O tempo investido em cada uma pode variar de três minutos a três dias, dependendo da prática. Embora a duração seja menos importante do que a intenção e a qualidade da prática, não há como negar que trinta minutos de práticas orientadas rendem mais do que quinze minutos da prática de mesma qualidade.

As práticas contínuas definem o cenário e estabelecem a disciplina para muitas outras práticas descritas nos capítulos seguintes. Se você quiser se recuperar no mesmo momento em que seu gatilho for acionado, você deve ter uma prática regular de "centralização". Caso precise aprender a acessar a compaixão ,quando os outros agirem de maneira desagradável, é pouco provável que consiga sair de um estado de ressentimento ou de aborrecimento em um instante, a não ser que tenha uma prática de abertura do coração e que a realize antes das reuniões.

Quando uma prática permanente torna-se parte da vida, ela se parecerá menos com uma obrigação, com uma carga, e mais como o hábito de escovar os dentes, algo que você faz naturalmente e sem o que não se sentiria muito bem. Quando uma prática contínua de orientação interna, como a centralização ou a autoinvestigação, incorpora-se à rotina, os benefícios são significativos. Você cultivou novas formas de ficar no meio do fogo cruzado alinhadas com a sua intenção de orientação.

As práticas permanentes de orientação interna permitem reconhecer rapidamente – e nos libertar – das maneiras habituais de interpretar as situações. Elas elevam a consciência em relação ao nosso estado físico e emocional, e ensinam a mergulhar em um tipo de estado relaxado e concentrado, o que nos leva a fazer escolhas mais sábias.

### Quais tipos de prática fazem mais sentido?

Eu sugiro as práticas que fortalecem a percepção física, mental e emocional; que auxiliam a examinar e liberar as narrativas internas limitantes que nos desativam quando estamos no meio do fogo cruzado; aquelas que constroem novos hábitos para induzir ao relaxamento, à clareza e à compaixão; e que oferecem oportunidades de conseguir ficar no meio do fogo cruzado em situações de calor intenso.

O modo como você projeta uma combinação de práticas é uma questão muito pessoal. Se você está apenas começando, eu recomendo que selecione uma única prática – uma que o motive a fazê-la regularmente. Quando selecionar suas opções, pergunte-se o seguinte:

- Qual das qualidades interiores descritas na Parte 2 eu gostaria de cultivar no meu trabalho e na minha vida?

- Quanto tempo estou disposto a investir por semana em uma prática consciente?

- Existe uma prática, ou uma combinação de práticas, que pode atender a todas as quatro dimensões do meu desenvolvimento como um mediador de fogo cruzado – mental, emocional, física e espiritual?

- Qual é a minha motivação além dos resultados a curto prazo? Por que qualquer prática pode fazer sentido em meu trabalho e minha vida?

Enquanto reflete sobre essas questões, esteja ciente da tendência de querer fazer tudo. Se você ainda não tem uma prática permanente de centralização, comece por aqui.

### Traga uma atenção relaxada para o momento

Mediar o fogo cruzado envolve permanecer diante da intensidade emocional e da incerteza. Nesses momentos nossa mente muitas vezes entra no piloto automático, preenchida por uma tagarelice impulsiva, abafando a voz da sabedoria interna. Nossos gatilhos serão inevitavelmente pressionados e a pessoa passa a responder de uma maneira reativa menos eficaz. O que diferencia o mediador de fogo cruzado é que somos capazes de seguir adiante em reuniões extremamente desafiadoras, mantendo a calma, a clareza e o foco; podemos manter esse estado ainda em meio a emoções fortes e conseguimos nos recuperar rapidamente quando nossos gatilhos são disparados.

Esse estado de atenção relaxada é o ponto de partida para a autoconsciência reforçada e a ação deliberada: estar no aqui e agora. Esse estado mobiliza nossos recursos para o enfrentamento, a adaptação e para dar um passo para trás. Uma grande variedade de práticas conduz a um estado de calma, de consciência e de atenção. São práticas contemplativas como o relaxamento profundo, a respiração consciente, ioga, orações e tai chi. Duas práticas especialmente poderosas em nos conduzir a um estado de tranquilidade e conscientização são a centralização física e a meditação com atenção plena.

## CENTRALIZAÇÃO FÍSICA

O objetivo da centralização é trazer a consciência e o relaxamento para o corpo de modo que afetem beneficamente o estado mental e emocional. A mestra e treinadora Victoria Castle ensinou-me uma simples série de dois passos para essa centralização física[1]. Tente isto:

1. **Comparecer.** Observe suas sensações físicas. O que você percebe sobre a profundidade da sua respiração, frequência cardíaca e tensão muscular? Qual seu nível de conscientização a respeito de sua postura, a distribuição de seu peso e sua expressão facial no presente momento? Analise seu corpo em tudo que puder observar.

2. **Ajustar.** Inspire e expire lenta e profundamente, de modo que seu estômago se expanda a cada respiração. Relaxe os músculos, deixando o resto do peso nos quadris, nas pernas e nos pés, em vez de segurá-lo no pescoço e ombros. Deixe seus músculos faciais relaxar, especialmente

os músculos do maxilar. Uma vez que todo o seu corpo esteja relaxado, assuma uma postura mais alta e mais ampla, permitindo que sua cabeça se estenda para a frente e seus pés se abram na largura dos ombros. Sinta os pés no chão e observe o espaço vertical e horizontal que você ocupa.

No início, essa prática de centralização pode levar alguns minutos para ser concluída. Com a experiência, você será capaz de se centrar em poucos segundos. Quanto mais você permanecer centrado, mais estará alerta no momento que precisar e, portanto, mais adaptável estará para o que quer que aconteça na sala. Quando centrados, estamos prontos para lançar mão de vários modos de nos manter no meio do fogo cruzado e que servirão ao propósito e eficácia pretendidos. Como veremos no Capítulo 11, o estado centralizado é o ponto de partida de uma ação inteligente.

### ATENÇÃO PLENA DE MEDITAÇÃO

Em termos gerais, a meditação é um caminho pelo qual somos levados do íntimo em direção a um maior estado de calma, autoconsciência e foco. Para os facilitadores de reuniões de altas temperaturas, a meditação ensina a manter-nos num estado confortável com a inquietude, animação, medo, julgamento e outras perturbadoras invenções da mente. A meditação nos ensina a respeitar nossos pensamentos e sentimentos, sem julgamento e, em seguida, retornar ao foco na respiração. Em situações acaloradas, isso pode ser uma valiosa prática para evitar que sejamos arrastados pela emoção e intensidade do grupo.

Em um estado consciente, podemos considerar os pensamentos como algo que deve ser observado e não necessariamente executado. Estamos atentos e chamamos a nossa maior inteligência. Essa prática não envolve um transe ou supressão ativa dos sentimentos e pensamentos. Ao contrário, quando envolvidos em uma meditação, estamos cientes a cada momento de nossos pensamentos e sentimentos, como se fosse a passagem de fenômenos que não nos definem e nem nos preocupam. Eis alguns passos básicos para o início de uma prática diária de meditação:

1. Encontre um local tranquilo e confortável para se sentar em uma cadeira ou no chão. Deve ser um lugar onde você possa sentir-se ligado à terra. Se você apenas começar a praticar, é útil utilizar um cronômetro. Comece com períodos de dois ou três minutos, aumentando gradualmente o tempo de sua sessão.

2. Sente-se com cabeça, pescoço e costas retas, mas não duras. Experimente fazer esta prática com os olhos abertos, mas permita que sua visão se torne mais suave e difusa.

3. Faça o possível para anular os pensamentos do passado e do futuro e focalize a sua mente no aqui e agora da sua respiração.

4. Concentre-se na sensação do ar entrando e saindo do corpo quando respirar. Experimente a barriga enchendo e esvaziando e a sensação do ar entrando e saindo de suas narinas. Observe a qualidade de cada respiração.

5. Verifique todos os pensamentos que vêm e vão, seja uma lista de supermercado, algo que você esqueceu de fazer, uma conversa do passado, ou uma preocupação sobre o

que poderia acontecer em seguida. Quando qualquer tipo de pensamento chegar à sua mente, não o ignore ou reprima. Em vez disso, observe-o, mantenha a calma e use a respiração como uma âncora.

6. Se você perceber que ficou envolvido nos próprios pensamentos, observe para onde sua mente foi, sem julgar, e retorne para a sua respiração. Lembre-se de ser gentil com você quando isso acontecer.

7. Quando o tempo chegar ao fim, sente-se por um minuto ou dois, levando sua consciência a perceber onde você está. Levante-se lentamente.

A meditação nos ensina o hábito inestimável de abrir mão de nossos pensamentos e sentimentos, especialmente aqueles que tendem a enfraquecer a integridade e minar a capacidade de agir com sabedoria quando a espiral descendente da energia de um grupo é forte. Assim, quando confrontados com a dinâmica de grupo desafiadora, que pode ameaçar o nosso senso de controle ou de competência, não somos puxados para fora do centro e jogados em um modo reativo de agir. Em vez disso, aprendemos a dar nome para nossos arrependimentos, preocupações, previsões e julgamentos, como sendo "pensamentos" que se desvanecem no fundo do cenário ao voltarmos ao momento presente.

Tanto a centralização quanto a meditação são práticas essenciais para aqueles que mediam o fogo cruzado. São práticas que aumentam a capacidade de reconhecer e abrandar os padrões de reatividade emocional – para estarmos presentes com autoconsciência. Elas aumentam o nosso conforto, com tranquilidade, e a não ação, para continuarmos calmamente no aqui e agora, muitas vezes, uma intervenção poderosa. Ambas as práticas reduzem o estresse, proporcionando um ponto focal sempre disponível – a respiração –, como uma ferramenta inestimável para permanecermos relaxados e no momento presente.

## Transforme pensamentos e sentimentos limitantes

Nós já examinamos os hábitos instintivos e aprendidos que em geral prejudicam nossa eficiência em momentos acalorados. Uma grande variedade de práticas, quando utilizadas de forma consistente, nos permite reconhecer rapidamente e nos libertar daquelas maneiras habituais de pensar, de ver, de sentir e de agir. Já que só é possível mudar aquilo que podemos ver, precisamos de práticas que tragam à luz aquelas suposições ocultas, interpretações subconscientes e gatilhos emocionais.

Uma maneira de você tornar-se mais familiarizado com os padrões limitantes é fazer um balanço sistemático de suas "histórias" autogeradas e questionar a validade delas. As práticas de autoinvestigação são baseadas no pressuposto de que os seres humanos precisam de menos conselhos e mais espaço para acessar o que Parker Palmer chama de "o mestre interior, uma voz da verdade, que oferece a orientação e o poder necessários para lidar com os problemas"[2]. As práticas de investigação apresentam um conjunto de questões que nos permitem manter nossas crenças sob a luz e aprender mais com elas. Elas não são destinadas a nos constranger a mudar. Ao contrário, elas se baseiam na sinceridade, curiosidade e complementaridade. Quando esse tipo de investigação é praticada em momentos mais calmos e ao longo de muitos anos, pode ser uma disciplina muito poderosa, gerando *insights* imediatos e novas perspectivas no mesmo instante em que sentirmos o calor de uma interação intensa.

Por meio das práticas de autoinvestigação, fazemos um conjunto de perguntas sobre nossas crenças, suposições, padrões emocionais, maneiras habituais de reagir e maneiras pelas quais nos vemos. Na autoinvestigação, também podem ser explorados os pontos fortes, nossas fontes de sabedoria interior, nossas convicções e propósitos. Entre as práticas de investigação, que os colegas e eu acreditamos serem as mais úteis, estão: *autoinvestigação, auxílio pelos pares,* e *comissões para a clareza.*

### AUTOINVESTIGAÇÃO

Muitos livros oferecem uma abordagem autodirigida, como *Loving What Is* de Byron Katie, *Change Your Questions, Change Your Life* de Marilee Adams, e *Feeding Your Demons* de Tsultrim Allione. Apesar de as abordagens desses livros serem muito diferentes, todos se baseiam em processos autodirigidos por intermédio de perguntas e respostas, destinados a aprofundar a visão do *eu* interior, bem como a transformar as maneiras de ver e agir voltados para o exterior. Você aumentará o valor da autoinvestigação caso:

- Reserve um tempo a cada dia para refletir sobre um problema ou questão.

- Escolha um tempo e espaço físico livres de interrupção ou distração.

- Escolha um ambiente em que possa relaxar e inspirar-se.

- Mantenha um diário de experiências, com ideias e mudanças importantes no pensamento.

- Revise seu diário com alguma regularidade para detectar quaisquer padrões emergentes.

Minha prática contínua de autoinvestigação é feita para perceber quando me sinto preso, frustrado ou diminuído e para me fazer estas perguntas: *Qual é a história que vivo agora? Qual é a crença que essa história justifica ou dela depende? Como é que a crença me serve neste momento? Que outras crenças adotaria para servir melhor a minha intenção e minha integridade neste momento?* Outras perguntas foram oferecidas no Capítulo 3, quando abordamos o processo reflexivo.

Lembrei-me do valor da prática autoinvestigativa quando fui contratado para facilitar um seminário da diretoria de uma organização sem fins lucrativos chamada *1% for the Planet*. A organização foi fundada por Yvon Chouinard, um dos meus heróis ao longo de décadas pela liderança visionária na criação de uma empresa de sucesso comprometida com a sustentabilidade ambiental. Quando nos sentamos durante o jantar naquela noite, observei minha preocupação com todos os sinais que mostrassem que Yvon gostava de mim. Eu queria desesperadamente impressioná-lo, e isso resultou numa tagarelice nervosa não típica. Depois do jantar, subi para o meu quarto e refleti sobre aquela minha história interna de que a aprovação de Yvon importava demais para mim. Minha história é que ele era mais importante e mais sábio do que os outros membros da diretoria. Eu percebi que se levasse essa crença para a próxima reunião do conselho, no dia seguinte, isso minaria a minha capacidade de ser decisivo e imparcial. Então, veio a mim a compreensão de que eu atuaria em meu melhor estado apenas se abraçasse uma crença alternativa: que Yvon era um dos importantes líderes na sala e que a aprovação ou desaprovação dele em relação a mim cabia especialmente a ele, não a mim. Fui para a reunião do dia seguinte com uma forte sensação de autenticidade, foco e imparcialidade, depois de me libertar da necessidade de impressionar aquele lendário CEO.

Curiosamente, no final do encontro, ele comentou com outro participante como era ótimo estar em uma reunião de conselho onde ele realmente se sentiu como mais uma entre tantas vozes, em vez da celebridade que todos bajulavam. Como a autoinvestigação é uma prática constante para mim, estava disponível em um momento em que eu me sentia nervoso e pouco verdadeiro.

Uma alternativa para a abordagem pessoal é encontrar uma pessoa neutra para facilitar a consulta. Um participante neutro pode sondar em busca de uma percepção mais profunda, refletir as próprias observações de volta para você e apontar as incoerências que podem sugerir justificativas ou pontos cegos. Esse parceiro pode ser um psicoterapeuta ou um conselheiro, ou ainda um treinador ou mentor. Quando realizar a parceria com alguém, é importante perceber que você é um membro responsável da investigação e não um receptor passivo de perguntas. Você deve participar ativamente da identificação dos temas e da elaboração das perguntas.

### AUXÍLIO PELOS PARES

Seu par e mentor é um colega de confiança com quem você se encontra regularmente, digamos, a cada quatro ou seis semanas. Se seu objetivo for trabalhar especificamente na construção de sua autoconsciência ou de seus hábitos mentais, gatilhos emocionais ou ego, então isso deve ser combinado no início dos trabalhos.

Aqui vão algumas perguntas que vocês podem fazer mutuamente:

- Quando você costuma sentir-se oprimido, inseguro, resistente, ou ressentido nas reuniões que facilita?

- Quais as crenças ou suposições ativas quando você experimenta esses estados?

- Tais crenças são verdadeiras?

- De que forma essas crenças apoiam ou prejudicam a sua capacidade de estar a serviço do grupo e de liderar com integridade?

- Quais as crenças sobre si no trabalho, causam problemas?

### COMISSÕES PELA CLAREZA

Essas comissões pela clareza tiveram origem como prática dos Quakers há mais de 300 anos e foram popularizadas por Parker Palmer e o Center for Courage and Renewal. Essas comissões se referem a uma "pessoa em foco" que traz uma questão para discussão de um seleto grupo de cinco ou seis pessoas confiáveis. Após um momento de silêncio e de centralização, a pessoa em foco descreve o problema com o qual se defronta e fornece dados relevantes e as próprias reflexões sobre o que acontece. Aqueles que estão sentados no círculo são proibidos de falar com a pessoa em foco, a não ser para fazer uma pergunta honesta e aberta, a fim de auxiliá-la a aprofundar a compreensão do problema. Nenhum tipo de conselho, de garantias ou de sugestões para resolver o problema é permitido – apenas perguntas e uma silenciosa reflexão. O ambiente em uma comissão pela clareza é brando, espaçoso, suave e relaxante.

A hipótese central dessas comissões pela clareza é que todos temos aquilo que Parker Palmer chama de "professor interno" ou um "profundo conhecimento" sobre os nossos desafios, dons, perguntas e vocações. A consultora de desenvolvimento organizacional Diane Robbins afirma que tanto a prática quanto os princípios subjacentes à comissão pela clareza têm servido como fonte de crescimento intenso: "Quando temos uma comissão pela clareza guiada por esses cuidados, princípios e práticas, criamos um ambiente poderosamente aprobativo e diferente de qualquer outro que eu já testemunhei. A prática de fazer perguntas abertas e honestas nesse tipo de cenário provou repetidamente que o nosso mestre interior está vivo e bem, quando convidado a discursar em um espaço seguro"[3].

Tais práticas de investigação autodirigidas auxiliam-nos a cultivar a capacidade de nos mover além de padrões limitantes de como ver e pensar. Quando as práticas de autoinvestigação tornam-se parte da rotina de nossas vidas, percebemos que elas podem ser aplicadas a qualquer um dos seis modos de ficar no meio do fogo cruzado e, mais especificamente, às diferentes qualidades na Parte 2. Por exemplo, podemos explorar as crenças e premissas que minam ou reforçam a nossa capacidade de ser compassivo. Podemos explorar aquelas fixações que se interpõem no caminho da flexibilidade e da ação de alta integridade no meio do fogo cruzado. Ou poderíamos descobrir os padrões de crenças e decisões aos quais nos aferramos e que debilitam a nossa capacidade de manter uma mente aberta.

#### Aproxime-se da compaixão

Na essência, a liderança é um esforço humano. A capacidade de abrir o coração é um ponto-chave para alavancar muitas outras maneiras de permanecer no meio do fogo cruzado, inclusive adaptar-se às surpresas e estar com a mente aberta. A cada minuto de cada dia, somos confrontados com oportunidades de ampliar a compaixão com os outros seres humanos, bem conosco.

As práticas de compaixão nos permitem verificar as maneiras pelas quais o sofrimento e as dores se manifestam. Essas práticas nos estimulam a derrubar as paredes interiores de autoproteção, a fim de testemunharmos e sentirmos a amplitude das emoções que nos tornam humanos. As práticas de compaixão oferecem formas de experimentar a conexão com todos os seres vivos e de cultivar a gratidão pelos grandes e pequenos presentes que surgem em embalagens muitas vezes desinteressantes e inesperadas.

Duas maneiras simples para cultivar a compaixão diariamente são as práticas de montar um *diário da compaixão* e fazer a *respiração da compaixão*.

## DIÁRIO DA COMPAIXÃO

Esse diário é um registro de experiências que evocam emoções, tanto as agradáveis quanto as desagradáveis. Captar momentos que dão grande alegria e satisfação. Podemos gravar para sempre as qualidades e as realizações dos outros pelas quais somos gratos. Poderíamos fazer o registro daquele motorista que parou o carro e sorriu enquanto cruzávamos a faixa de pedestres. Além das fontes de satisfação, alegria e gratidão, um diário da compaixão deve incluir os momentos de dor e sofrimento que testemunhamos durante o curso de nosso dia e as instâncias em que nos mostramos agressivos ou implacáveis conosco. Na medida em que isso se tornar uma prática contínua, desenvolveremos maior consciência de nosso estado emocional – e do estado emocional das outras pessoas. Nossos corações tornam-se mais sintonizados com o que acontece ao nosso redor.

## A RESPIRAÇÃO DA COMPAIXÃO

Esta é outra prática que visa abrir os nossos corações. Há vários anos, aprendi esse processo em duas fontes distintas – com as ativistas ambientais Joanna Macy e Molly Young Brown, e com a mestra budista Pema Chödrön. Conhecido como *tonglen* pelos praticantes budistas, a finalidade é fortalecer a capacidade de resistir diante do sofrimento, mantendo um coração compassivo e saudável. Chödrön descreve-o como uma forma de "utilizar as situações difíceis – os venenos – como combustível para o nosso despertar"[4]. Todos os dias há oportunidades de praticar a respiração por meio do sofrimento, da tristeza e da dor. Elas ocorrem na rua, nas notícias dos jornais. Experimentamos isso em nossas casas e dentro de nossos próprios corações. O *tonglen* é um antídoto para o autoentorpecimento e o isolamento em que nos envolvemos como uma resposta ao nosso medo de sofrer.

A prática da respiração com compaixão implica a identificação de qualquer coisa que nos pareça desagradável, dolorosa ou perturbadora. Em vez de tentar reprimir ou negar, nós a respiramos e nos conectamos com ela plenamente. Quando respirarmos o sofrimento e a dor – nosso e dos outros – deixamos que o peso dessa inspiração passe através do nariz, da garganta, dos pulmões e do coração, não segurando isso, mas deixando fluir através do corpo. Respiramos o sofrimento não apenas como experiência pessoal, mas também como parte da mais ampla condição humana. Ao fazê-lo, sentimos um parentesco com a grande teia da vida. Ao expirarmos, enviamos um desejo de felicidade, de relaxamento, ou daquilo que aliviará o sofrimento que inspiramos. Ao expirarmos, fazemos isso com um sentido de abertura e de alívio.

As práticas que aumentam a compaixão melhoram a capacidade de resistir diante de um comportamento humano desafiador, do sofrimento e da dor – sem julgamentos, distrações ou ressentimentos. À medida que desenvolvemos uma sensação de conforto com as muitas facetas de nossa paisagem emocional, nos tornamos mais acolhedores em relação à diversidade das emoções humanas que surgem quando as pessoas se reúnem para trabalhar com questões complexas e arriscadas. Manter uma prática contínua e consistente nos auxilia a cultivar uma capacidade maior de aceitar a abertura emocional, a autoaceitação, a consciência da pessoa como um todo, e a consideração positiva incondicional. Além disso, nós nos tornamos menos apegados em "consertar" as emoções difíceis, ao mesmo tempo em que aprendemos a apreciar o valor de testemunhar a quietude, a suspensão dos julgamentos e a abrir mão, tudo diante do sofrimento.

### Reafirme seu propósito, lembre-se de seus dons

Na turbulência e intensidade do conflito e confusão do grupo, às vezes mal me lembro de meu próprio nome, imagine então me lembrar daquilo que tenho a oferecer ao grupo. Nesses momentos sou mais suscetível a fazer escolhas erradas ou a agir por impulso. Uma prática regular que reafirma quem sou durante meu trabalho é muito importante para reforçar o que chamamos *saber o que você representa*. Isso também me auxilia a definir o giroscópio interno que eu chamo *intenção de orientação*.

Uma afirmação é uma declaração autêntica e sincera de como queremos contribuir para o mundo, os presentes que oferecemos, ou o futuro que desejamos para a existência. Peggy Holman, organizadora e mediadora de reuniões da

Open Space, faz a prática de afirmações diárias desde 1986. Ela escolhe uma ou duas afirmações com as quais trabalhar por um período de um ano. Ao longo dos anos, essas afirmações evoluíram para perguntas. "Agora eu mantenho uma pergunta pessoal e uma pergunta coletiva que falo diariamente, geralmente no chuveiro", diz ela. "Como posso ser uma fagulha para aumentar a capacidade do amor em mim, nos outros, e em tudo? Como nós plantamos e fazemos crescer e evoluir empresas iluminadas e comunidades inspiradas?"[5].

O que você gostaria de lembrar todo dia? Vários anos atrás, eu me sentei e escrevi uma afirmação para mim. Eu a carrego comigo, e embora não a diga todos os dias, ela faz parte de minha prática de atenção permanente sempre que entro em uma sala de reuniões. Essa afirmação é assim:

*Eu sou a luz para a sabedoria que precisa ser iluminada.*
*Eu sou um berço para os corações que precisam de porto seguro.*
*Eu sou um tambor para todas as vozes que querem ser ouvidas.*
*Eu sou uma espátula abrindo espaço para as sementes de possibilidades.*

Uma afirmação é mais poderosa se for algo pessoal. Você pode escrever a própria afirmação seguindo estes passos:

1. Dedique algum tempo para escrever de três a quatro sentenças que respondam a estas perguntas:

- De que qualidades, dons, motivações e vocações você precisa ser lembrado a cada dia?

- Em que medida você está aqui para contribuir com o mundo?

- Pense na pessoa que mais torce por você. No momento de maior insegurança, o que você quer que essa pessoa sussurre em seu ouvido?

2. Agora, elabore essas ideias e escreva uma afirmação de três a quatro linhas – uma declaração que caberá em um pedaço de papel do tamanho de um cartão de visitas. Imprima uma versão em tamanho de bolso para manter com você.

3. Comprometa-se durante trinta dias a recitar essa afirmação *em voz alta* todos os dias, até que você a tenha na ponta da língua, como faz com seu nome!

## A PRÁTICA NO CALOR DO FOGO CRUZADO

Muitas das práticas descritas até agora podem ser realizadas em um ambiente relativamente seguro e confortável. Como elas criam novos hábitos positivos em nosso trabalho, devemos buscar maneiras que incrementem a exposição a situações mais acaloradas. É impossível desenvolver um domínio mais completo de nossas competências sem passarmos mais tempo no fogo cruzado. Na verdade, alguns psicólogos julgam que a única forma real de as pessoas desenvolverem maior habilidade em lidar com situações explosivas é acionar tais habilidades quando se sentirem mais pressionadas.

### SEJA UM PARTICIPANTE NA REUNIÃO

O consultor de processos Chris Grant sugere que todos devem fazer questão de participar regularmente das reuniões, mesmo que não sejamos facilitadores ou líderes, mas apenas fazendo parte da turma. Essa prática aumenta a sensibilidade para o que significa participar de um processo de grupo. Como membros do grupo, obtemos um ganho de empatia e apreço por tentar influenciar os outros, em lutar contra as diferenças e obedecer a um processo que outra pessoa desenhou.

### ENTRE EM SUA ZONA DE ALERGIA

Outra prática de se expor ao calor é aquela que chamo *entrar na zona de alergia*. Isso implica procurar ideias e pessoas que teríamos a tendência de evitar. São as ideias e as pessoas que poderíamos vivenciar como sendo algo desagradável, insípido e até mesmo ofensivo. Participe de palestras feitas por pessoas que possuem pontos de vista opostos aos seus. Ouça programas de rádio com aqueles comentaristas que lhe dão vontade de gritar, quando estiver sozinho no carro. Preste atenção aos encontros com amigos e familiares que emitem opiniões que você classificaria como "estúpidas", "ultrapassadas" ou até mesmo "fanáticas". Em todos esses casos, dedique algum tempo para mergulhar sinceramente e abertamente em suas crenças e suposições. Observe seus julgamentos internos e suas reações. Quanto você está aberto ao que é dito? Qual é o seu nível de curiosidade? Quais são as maneiras pelas quais você pode reconhecer um ponto de vista bastante diferente, sem precisar concordar com ele?

### PARCERIA COM UM COFACILITADOR

Curiosamente, uma das melhores maneiras de criar calor para si é fazer uma parceria com um cofacilitador. A cofacilitação requer um alto grau de confiança, de abertura, de flexibilidade, de compromisso e a capacidade de manter o ego em cheque. Como o casamento, as parcerias de trabalho são oportunidades maravilhosas para conhecermos nossos dons e gatilhos emocionais. A cofacilitação fornece testes contínuos sobre a forma como lidamos com os conflitos, as críticas e a necessidade de controle. Os cofacilitadores percebem quando estamos confusos ou ansiosos. Eles conhecem nossos gatilhos e pontos cegos, por vezes até melhor do que nós. Eles valorizam os nossos pontos fortes e estão lá para nos apoiar em nossos momentos de fraqueza. Os cofacilitadores às vezes nos enlouquecem com idiossincrasias, imperfeições e inseguranças, mas não podemos deixar de aprender com o conhecimento e habilidade deles.

## FACILITAR REUNIÕES

Finalmente, com o risco de ser óbvio, empenhe-se em facilitar reuniões – qualquer uma delas. De um jeito ou de outro, existe calor em toda reunião. Mesmo quando não há um conflito visível ou confusão, há calor. Quando as pessoas se desviam do tópico, qual é o tipo de fogo cruzado que você cria dentro de si? O tempo passa e um participante prolixo não parece esgotar as novas maneiras de dizer a mesma coisa; nessa situação, qual o gatilho pressionado em você? As pessoas projetam as próprias fantasias na capacidade de liderança delas, como sendo a razão do sucesso da reunião; você se sente fisgado por essa expectativa? Perceba quando você sente ansiedade, superioridade moral ou tédio. Enquanto mediar a reunião, brinque com suas maneiras de ficar no meio do fogo cruzado do ponto de vista da atitude emocional e física. O fogo cruzado assume muitas formas. Cada reunião é uma oportunidade de novas experiências e de exercitar diferentas jeitos de vivenciá-las.

## FAZENDO AS PRÁTICAS FUNCIONAREM

Eu tenho dificuldade com a consistência e a perseverança, quando se trata de prática. Tenho baixa tolerância à rotina e ao desconforto. E, em certo sentido, a minha luta com a prática regular e constante tornou-se o aspecto mais importante da minha prática pessoal. E muitas das coisas que me surpreendem nas práticas e em meu desenvolvimento interior são as mesmas que me surpreendem no calor das reuniões – expectativas irrealistas em relação a mim, dúvida, desejo de gratificação imediata, necessidade de controle e culpa quando as coisas não correm como o planejado. Aprendi tanto sobre mim durante os lapsos em minha prática quanto aprendi nas práticas em si.

Se você diz para si: "Eu já sei como ficar no meio do fogo cruzado sem precisar montar um regime completo de práticas em minha vida", pergunte-se que voz é essa. Pode ser a voz de uma autoavaliação precisa, mas pode ser a voz da resistência à mudança ou a voz do medo. Aprender a distinguir entre as muitas vozes internas, aquelas que apoiam e aquelas que prejudicam o crescimento, é relacionado com a realização consistente dessas práticas.

Veja alguns pensamentos de alguém que ainda tenta descobrir como fazer esse trabalho, enquanto pensa em iniciar e manter um conjunto de práticas regulares que apoiem a sua jornada de autodomínio.

Em primeiro lugar, você enfrentará dois desafios principais: ocupações e tédio. Nossas vidas são sobrecarregadas com obrigações, diversas atividades e estímulos. Nossas agendas são desordenadas, e muitas vezes julgamos que tudo anotado é uma prioridade. Embora esse nível de ocupação não seja algo sustentável física ou mentalmente, não podemos nos imaginar dando um tempo para sentar e apenas ficar lá. O tédio resulta da expectativa cultural de que tudo deve ser divertido e produtivo. A gratificação e a produtividade impulsionam de forma impactante a maneira como escolhemos passar o tempo. Muitas das práticas são dirigidas ao nosso interior e não se destinam a entreter ou a produzir qualquer coisa tangível. Esses dois desafios não desaparecerão, mas a sua influência pode ser minimizada. Aqui estão algumas diretrizes para a construção de práticas em todos os dias de sua vida:

**Comece de forma realista.** Selecione uma única prática, como a centralização, e trabalhe com ela por um período de tempo até que você saiba que pode controlá-la. Anote essa prática na sua agenda se precisar reservar esse tempo e tenha certeza de que nesse tempo você se dedicará exclusivamente a ela. De modo geral, não há o tempo "correto", e sim aquele momento em que sua atenção será total à prática.

**Tenha apreço por si.** O objetivo da prática não é consertar suas falhas. Traga para ela o pressuposto fundamental de que você possui dons, pontos fortes e melhores intenções. Harvey Schechter, meu primeiro chefe no meu primeiro emprego logo que saí da faculdade, costumava se recostar na cadeira e me dizer: "Larry, você fez isso perfeitamente. Agora, deixe-me mostrar como fazê-lo melhor". As palavras bem-humoradas de Harvey são um lembrete de que não somos completos, somos o que somos – e para aqueles que estão a caminho da maestria sempre há espaço para ser ainda melhor.

**Abra mão das expectativas** sobre o quão rápido e suave será o aprendizado. Algumas dessas práticas parecem simples quando você lê sobre elas, mas se tornam bastante desafiadoras no momento da realização. Você aprenderá muito simplesmente observando os tipos de expectativas, "deveres", colocados sobre suas práticas. Observe suas expectativas e, em seguida, deixe que elas se dissolvam. As práticas não implicam resultados, a importância delas está apenas em serem feitas.

**Assuma um compromisso sincero** de se engajar na prática, independentemente do cansaço, se está distraído ou ocupado em qualquer dia. Você pode fazer todos os tipos de racionalizações e desculpas para não praticar, mas é importante saber que aqueles momentos que lhe parecem menos convenientes são muitas vezes os que lhe darão maior benefício. Quando ficar algum tempo sem praticar, retorne ao programa sem culpas ou recriminações. Basta retornar e pronto.

**Construa sistemas de apoio.** Encontre parceiros e comunidades que aprecie, além de aperfeiçoar e aprofundar a prática. Desenvolva rituais pré e pós-prática, que preparem o terreno e que reforcem o seu compromisso. Por exemplo, acender uma vela, preparar uma xícara de chá, encontrar um lugar especial, tocar música agradável, vestir certas roupas ou a leitura da passagem de um livro inspirador, antes ou após a prática.

As práticas para cultivar a prontidão e o alerta diários são práticas contínuas e direcionadas ao íntimo, são construídas por nós. Elas nos ensinam novos e produtivos hábitos de modo que não precisamos nos esforçar muito para sair de um estado reativo para outro, mais centrado e relaxado. Por meio dessas práticas contínuas, desenvolvemos nossa atenção física, mental e emocional. Tais práticas nos auxiliam a examinar as narrativas internas que nos desarmam quando estamos no meio do fogo cruzado. Elas nos auxiliam a nutrir e criar novos hábitos que induzem ao relaxamento, à clareza, à força e à compaixão enquanto os outros estão nervosos ou ansiosos. A prática diária molda nossa forma de ser de maneira que, com o passar do tempo, fechamos a possibilidades de nossas escolhas e orientamos para uma única direção.

## QUESTÕES PARA REFLEXÃO

- Qual é o papel da prática em sua vida? Quais práticas você realiza com intenção e consistência e como elas contribuem para sua saúde, competência e felicidade?

- Quais de suas práticas regulares o preparam e apoiam em seu trabalho com grupos de alto risco e de alta temperatura? Quais são os propósitos de cada uma delas?

- Quais são as novas práticas regulares que você avalia para pôr em ação? Quais são os benefícios que espera conseguir com cada uma dessas novas práticas?

# CAPÍTULO 10
# Prepare-se para assumir o comando

*Se quero trabalhar com sucesso com os outros, tenho de me lembrar de quem sou. Portanto, antes do "nós" aparecer, tenho de fazer um trabalho com o meu "eu" e me lembrar de quem sou.*

Chris Grant
Facilitador de processos, 14A Conversations

Para muitos líderes e facilitadores, o que acontece pouco antes da reunião é em grande medida uma questão de rever a agenda, os materiais e a logística associada ao espaço das reuniões. Essas são atividades importantes. No entanto, existem outras práticas relacionadas ao preparo das reuniões. Essas práticas permitem que nos fixemos em nosso ritmo e na intenção daquele dia; fazem com que nos conectemos com os participantes da reunião em um nível humano; permitem que sintamos o clima da sala e façamos as pequenas coisas que auxiliam a criar um receptáculo no qual as pessoas serão capazes de agir no nível máximo, dando o melhor, no trabalho em conjunto.

Muitos atletas e músicos de renome mundial se envolvem em extensos rituais pouco antes de entrar em campo ou no palco. Algumas dessas práticas são movidas pela superstição, outras servem para o exercício da mais profunda centralização. Os mediadores do fogo cruzado deverão realizar a *performance* sob as mesmas estressantes e imprevisíveis situações. Como é que começaremos bem? Como chegamos a um estado de espírito que nos coloque verdadeiramente a serviço dos outros? Quais são as práticas e rituais para entrar em um espaço de encontro, com os pés no chão, com propósito claro e um autêntico modo de liderar? Existem quatro categorias de práticas que nos preparam para liderar, e, para se dedicar a elas, você deve:

- Conectar-se com seu eu.

- Conectar-se com o espaço.

- Conectar-se com os participantes.

- Conectar-se a um mundo maior.

### Por que práticas para liderar?

Tal como acontece com atletas de nível mundial, o que ocorre antes de nossos grandes eventos faz toda a diferença na forma como nos apresentamos. O que fazemos antes da reunião pode apoiar ou arruinar nossa eficiência durante o encontro.

Mas o que torna essas práticas tão poderosas? A *proximidade* e o *contexto*. A maioria dessas práticas é feita no dia da reunião. Por isso, se a prática afeta de modo positivo o nosso estado interior, levaremos esse modo de ser para dentro da sala de reuniões, mental, emocional e fisicamente. Muitas dessas práticas são realizadas no espaço onde a reunião será. Em certo sentido, o espaço torna-se uma extensão da nossa prática e uma sinalização visual das coisas que queremos lembrar e manter perto de nós. É ótimo recitar minha afirmação em casa um dia antes do encontro. Recitá-la, também, na sala de reunião 30 minutos antes do evento transforma a mim e ao espaço em veículos por meio dos quais a afirmação se tornará realidade.

## CONECTAR-SE COM O EU

Antes da reunião, é fácil se concentrar na logística e na ordem do dia. Esse é um erro. Pouco antes da reunião, pelo menos metade de nosso foco deve estar concentrado em afirmar quem devemos ser para auxiliar o grupo a atingir o próprio objetivo. Isso porque *aquele* que aparece como o mediador do grupo é alguém tão poderoso, como intervenção, quanto qualquer método ou técnica.

Você pode pensar: "Eu já sei quem eu sou, e eu não preciso ser lembrado disso antes da reunião". Mas as reuniões de alta combustão têm muitas vezes a capacidade de desorientar-nos, levando-nos a abandonar a sabedoria, as convicções e os propósitos inerentes.

As práticas destinadas a conectá-lo consigo auxiliam a lembrar quem você é, de onde vem e o que precisa fazer para contribuir para a reunião. Ter tempo para conectar-se consigo antes da chegada dos participantes serve a uma série de finalidades específicas, que irão:

- Revisar e reafirmar sua intenção de orientação para a reunião. (Lembre-se de que a sua intenção de orientação abrange respostas a perguntas como: *Por que estou aqui? A quem servirei? Quais são os princípios que me guiarão?*)

- Lembrá-lo dos gatilhos emocionais, que podem ser pressionados durante a reunião, e reafirmar o seu compromisso de fazer escolhas deliberadas nesses momentos.

- Lembrá-lo dos talentos, ideias e dons que você tem a oferecer ao grupo.

- Colocar na correta perspectiva seu ego e sua fixação por resultados.

- Checar seu corpo em busca de quaisquer sinais de medos subconscientes, conexões pouco saudáveis ou distrações.

- Invocar os conselheiros sábios, solidários e inspiradores de sua vida e as lições que eles lhe ensinaram.

- Estabelecer um estado interior e exterior de calma, clareza e determinação.

O ideal é tentar chegar antes de qualquer outra pessoa no espaço da reunião. Se isso não for possível, reserve algum tempo para a introspecção antes de você deixar sua casa ou o hotel. Pode, ainda, haver um canto sossegado no centro de conferências, ou uma sacada no *lobby* do hotel, um parque ou jardim, ou uma cafeteria próxima. Ao longo dos anos, o tempo que dedico para a introspecção pouco antes de uma reunião tornou-se tão importante que, se não houver outras opções, me refugiarei no meu carro ou em uma baia no toalete nos cinco minutos finais de centralização.

As práticas para se conectar com seu eu incluem algumas daquelas que foram abordadas no capítulo anterior – centralização, meditação e autoinvestigação. Exemplos de práticas que auxiliam os líderes a se conectar com seu eu estão descritos abaixo.

## LEMBRE-SE DE QUEM SUSTENTA VOCÊ

O consultor de processos Chris Grant afirma que, durante o ritual pré-reuniões, se pergunta quem ele precisa que o sustente. Dependendo dos desafios específicos que imagina que enfrentará, diz, "poderia ser minha mãe ou Nelson Mandela – e acredite quando eu digo que ambos formam um par formidável"[1]. Eis como Chris descreveu a prática:

1. Escolha de duas a quatro pessoas (elas podem ser pessoas já falecidas, heróis, professores, amigos ou quem mais quiser) que você precisa que estejam na sala hoje.

2. Feche os olhos e mentalmente posicione-os cada um em um dos cantos da sala.

3. Aguarde um momento e deixe que cada uma dessas pessoas diga e declare quais são seus dons e habilidades.

## ANCORE-SE EM SUA INTENÇÃO DE ORIENTAÇÃO

Ancorar-se na própria intenção de orientação conecta com aquilo que é realmente importante antes de uma reunião. Encontre um lugar calmo para ficar, se possível, ao ar livre ou em frente a uma janela, para que você se veja conectado com o céu e a terra. Fique em pé com os joelhos levemente dobrados, pernas abertas alinhadas com os ombros, e repouse as duas mãos em seu ventre, um pouco acima do umbigo. Preste atenção durante um minuto ou dois para sentir a sola dos pés em contato com o chão. Esse é o local onde você ancorará sua intenção. Então, silenciosamente, passe estas quatro perguntas:

*De que modo estou aqui para contribuir com o mundo?*
*A quem servirei hoje?*
*Qual é o propósito que devem atingir com meu auxílio?*
*Que princípios e crenças me capacitarão a liderar com integridade e com o espírito de servir?*

Essa prática permite lembrar o que defendo. Ela me sensibiliza de tal modo que posso perceber quando me distanciei da integridade durante a reunião. E quando me sentir pressionado ou confuso, conseguirei recolocar ambos os pés no chão com consciência, colocar uma das mãos sobre meu ventre e saberei, então, o que fazer em seguida. Esses movimentos não são visíveis para os outros, mas auxiliam a reconectar-me com minha intenção de orientação.

O negociador William Ury descreveu a importância dessa prática no próprio trabalho: "Antes de qualquer reunião, procuro reservar um tempo para desacelerar e me conectar com meu objetivo maior. Sou devotado à paz, não como resultado, mas sim como processo. Esse é meu centro. Assim, nos momentos em que as pessoas gritam, eu vivencio isso como liberdade. No calor desses momentos, uma calma vem sobre mim porque eu sei o motivo de estar lá"[2]. Ury tem menor probabilidade de ser agarrado pela ansiedade e pelo ego, porque mergulha, com clareza, em cada encontro potencial com o fogo cruzado, sobre aquilo que defende e representa.

## Conectar-se com o Espaço

Eu tento ser o primeiro a chegar ao espaço das reuniões. Seja uma sala de conferências tradicional, um espaço virtual de uma reunião por telefone ou uma grande tenda nas montanhas, qualquer espaço de reuniões para mim representa o *aguardar*. O espaço aguarda as pessoas e o potencial do que pode ser realizado pelos esforços colaborativos de todos. O espaço de encontro proporciona conforto, estabelece o contexto e, às vezes, oferece inspiração para o trabalho que acontece dentro dele. Nesse sentido, o espaço físico no qual trabalho é meu parceiro.

Os mediadores experimentados investem muito tempo e esforço cuidando do espaço físico das reuniões. Muitos dos entrevistados deste livro dizem que o preparo do espaço - a movimentação de mesas, organização das cadeiras, os *flip charts* e cartazes etc. - é mais do que apenas uma configuração técnica. É uma oportunidade para estabelecer uma relação com o ambiente físico e nos deslocar para um profundo estado de presença.

Quando percebemos a sala como uma tela de três dimensões na qual temos uma visão do grupo, essa sala se torna uma ferramenta para enxergarmos a reunião sob diferentes perspectivas. Algumas vezes, quando eu sinto que não vejo as coisas com clareza ou estou confuso sobre o que fazer a seguir, tudo o que preciso é andar para outro ponto onde possa ter uma visão privilegiada da sala e observo o grupo de lá. Mudar de posição fornece uma nova maneira de ver o que acontece e como posso contribuir.

Alguns exemplos de práticas para a conexão com o espaço são descritos abaixo.

### REVERÊNCIA À SALA

Como descrevemos anteriormente, os lutadores de artes marciais fazem uma reverência, curvando a cabeça, ao entrar e sair do *dojo*, espaço onde realizam a prática. A função dessa reverência é a de lembrarmos que o espaço no qual trabalhamos é antes de tudo um local de aprendizagem e prática. Ao reverenciar esse espaço, reconhecemos que somos apenas aprendizes. Esse simples ato transforma o espaço físico em um constante lembrete de que devemos abordar o trabalho de facilitação e de mediação com humildade e curiosidade, e saber que os outros podem nos ensinar durante a reunião. Quando reverenciamos a sala, não negamos a nossa experiência, mas sim reconhecemos a das pessoas. Ter humildade é se portar de forma realista quanto à compreensão de nossas limitações. Mas não precisamos menosprezar e diminuir a extensão de nossos dons para expressar humildade. Com uma simples reverência, com o simples curvar da cabeça, o espaço da reunião se torna um lembrete visual para que fiquemos no meio do fogo cruzado com a mente aberta.

### ATENÇÃO PLENA NA ORGANIZAÇÃO DO ESPAÇO

Não importa se a reunião começa num círculo ou alguma outra configuração, é importante que se saiba que o ato de arrumar as cadeiras e outros móveis pode ser uma prática interna e uma medida pragmática em relação à logística pré-reunião. Ajustar as cadeiras de forma consciente pode ser o primeiro passo para acolher os membros do grupo. Quando cuidamos zelosamente do espaço físico, nos afirmamos em uma espécie de liderança a serviço do grupo.

Reafirmamos a ideia de que "eu estou aqui para servir aos objetivos do grupo e nenhum trabalho é insignificante". Para Beatrice Briggs, uma facilitadora, cujo trabalho baseia-se em Tepoztlán, no México, organizar o espaço é um processo que auxilia a estabelecer a prontidão: "Faz parte do ritual de preparação. Principalmente no momento em que preparo o espaço físico, caminho pela reunião, imaginando que alcançaremos um bom resultado"[3]. Quando somos capazes de estabelecer uma relação com a sala e organizá-la em um espaço acolhedor e funcional, estamos aptos a nos mostrar menos desatentos e com uma intenção mais clara.

## SENTAR NOS RESPECTIVOS LUGARES

Quando tiver terminado de arrumar a sala, passe algum tempo sentado na cadeira dos participantes, enquanto faz um passeio mental pela reunião. Tente imaginar a reunião acontecendo e pense sobre os momentos em que os membros do grupo podem ficar ansiosos, envolvidos, entediados, cansados ou energizados. Sente nas cadeiras dos participantes e observe cada detalhe do espaço da reunião – de onde vem a iluminação, a localização de portas, janelas, quadros ou objetos de decoração, a temperatura ambiente, assim por diante. Sentar-se nas cadeiras ajudará a olhar para o grupo mais tarde, durante a reunião, e verificar o que acontece com mais empatia.

### Conexão com os participantes

Minha colega Sherri Cannon tem uma regra: "Meia hora antes de a reunião começar, devo finalizar todos os preparativos e arranjos da sala. Quero estar completamente focada em minha ligação com os participantes"[4]. Essa regra de Sherri reflete a importância que ela dá para o estabelecimento de uma conexão humana com os estranhos que se dirigem à sala. Quando conseguimos compomos uma relação humana autêntica com os outros, tecemos um tecido social que nos auxilia a ficar com maior compaixão e abertura, especialmente se as coisas tornam-se emocionalmente intensas e pessoais. Agregar as pessoas em uma reunião é a forma mais humana de liderança, e exige um compromisso de relacionamento autêntico com as pessoas, independentemente de essas relações durarem uma hora ou uma vida inteira.

Um aperto de mão, um sorriso e algumas conversas sobre a vida dentro e fora do contexto da reunião seguem um longo caminho na construção de uma relação de boa vontade. Uma conversa real nos desloca dos estereótipos do passado para uma relação autêntica. Isso também pode auxiliar a quebrar os preconceitos dos participantes sobre que tipo de pessoa você poderia ser. Durante nossa entrevista, Roger Schwarz descreveu a principal motivação para ele se apresentar a cada pessoa antes de uma reunião formal começar: "É mais ou menos assim: 'Ei, eu sou uma pessoa nessa sala, e você é outra pessoa...' Assim, a coisa não começa naquele tom formal. É mais confortável para mim"[5]. A prática de se conectar com os participantes antes do início formal da reunião fortalece a nossa capacidade de sermos mais presentes, receptivos e compassivos.

Essa prática de se conectar integralmente com os participantes é bem mais difícil do que parece à primeira vista, porque ela é formada por três princípios: autenticidade, presença e ausência de um plano pessoal preconcebido. Primeiro, quando você se apresentar a alguém, seja *autêntico* –, sem falsas *personas* e tampouco a personificação do "facilitador autoconfiante". A autenticidade transcende todas as barreiras.

Em segundo lugar, você deve estar *presente* nessa primeira interação. Naqueles primeiros minutos na sala, existe muita coisa para distrair sua atenção – o modo como a sala está configurada, a preparação mental, as pessoas chamando sua atenção. Quando você se aproxima das pessoas para se conectar com elas, faça com que cada uma seja um único foco de atenção.

Finalmente, você deve fazer essa interação sem um plano pessoal. Seu objetivo não é fazer a pessoa gostar de você, confirmar suas referências ou formar alianças de poder. O objetivo da ligação é ver a outra pessoa e ser visto. Se você se guiar por esses três princípios, ficará espantado com a quantidade de vezes que os transgredirá durante as primeiras interações com os participantes. Sempre que tomo consciência de agir segundo um plano predeterminado ou ser pouco verdadeiro com as pessoas na chegada delas à reunião, reconheço que essas são excelentes oportunidades para me reconectar com a minha intenção de orientação.

## Conecte-se a um mundo mais amplo

Como você coloca a si e a seu trabalho no contexto de um mundo mais amplo? De que forma seu trabalho se liga a uma visão maior do Universo ou a um chamado superior? Quais são os limites que se impõem sobre seu controle nas reuniões e na vida? Quais são as maiores e inexplicáveis forças às quais está preparado para se render? O que diz a si durante períodos de grande incerteza, confusão e medo? Em que deposita sua fé? A que você se sente profundamente grato ao chegar? Essas questões transcendem as dimensões intelectuais e emocionais da preparação. Alguns podem chamá-las de questões espirituais.

A conexão com um mundo maior não implica necessariamente o envolvimento em um ritual religioso. Essa prática exige que lembremos que o ato de reunir pessoas para trabalhar problemas e encontrar um denominador comum é em si digno de veneração e admiração. Algumas pessoas querem sentir-se conectadas com o próprio Deus durante a realização dessa prática. Outros podem não acreditar em Deus, mas querem uma prática que os auxilie a cultivar uma profunda apreciação pelo mistério da criatividade humana, e que seja uma reverência àquilo que for preciso para a resolução das questões difíceis. Existem, ainda, outras pessoas que desejam parar um momento para homenagear a linhagem de mestres que as inspiraram nesse trabalho. As práticas que nos conectam com esse mundo mais amplo convidam a colocar nossa imagem em uma perspectiva mais adequada – enxergando simultaneamente a realidade de nossas limitações e as infinitas possibilidades do que pode ser alcançado.

Por exemplo, você pode se conectar com o mundo mais abrangente passando um tempo com a natureza, orando, meditando ou cantando. Pelo menos dois terços dos dirigentes e organizadores entrevistados têm algum tipo de prática espiritual que os auxilia a reconhecer a natureza sagrada do esforço humano e que lhes dá a força necessária para enfrentar a incerteza e o medo. Dedicar algum tempo para reconhecer e apreciar a ligação entre o nosso trabalho e esse mundo mais amplo reforça a nossa capacidade de assumir riscos e de ser mais flexíveis diante do inesperado. E ainda no ensina a ficar no meio do fogo cruzado com determinação, quando os princípios e a finalidade devam ser respeitados, permanecendo no aqui e agora, quando todos os nossos instintos baseados no medo nos aconselham a procurar a saída mais próxima.

### HONRA, GRATIDÃO E DESAPEGO

Uma maneira de se conectar com o mundo maior é colocar a atenção nos presentes, mistérios e glórias do cotidiano. A prática da gratidão antes da reunião apresenta uma maneira de empurrar o medo e o ego para o lado, abrindo espaço para a receptividade. Nós já vimos como o ato de cultivar uma lente de gratidão fortalece a capacidade de adaptar-se às surpresas e auxilia a ver os eventos inesperados como oportunidades em vez de enxergá-los como inconveniências e rupturas.

Este é um modelo para uma meditação pessoal que pode ser utilizado antes de uma reunião ou mesmo durante uma de suas pausas:

> *Eu honro a intenção comum que as pessoas têm para o encontro de hoje, que é...*
> *Enquanto eu me preparo para este encontro, estou profundamente grato por...*
> *Eu reconheço os outros que já se empenharam ou atualmente empenham em esforços similares em todo o mundo...*
> *Eu reconheço que... está além da minha influência e controle hoje.*
> *Quando abro mão de... coloco minha fé na crença de que...*

Seja por meio de uma prática de gratidão ou da oração, conectar-se com um mundo mais vasto auxilia a nos colocar em um contexto mais amplo. Como disse o professor espiritual e de liderança Robert Gass: "Não somos nada além de folhas sopradas pelo vento"[6]. Em outras palavras, precisamos chegar às reuniões fundamentados pela crença de que há conhecimento fora do nosso conhecimento atual, há influência além de nossa influência atual, há possibilidades além de nossa capacidade atual de enxergá-las.

### FAZENDO OS PREPAROS DAREM RESULTADO

Tente manter uma prática em cada uma das quatro categorias descritas anteriormente, e conecte-se com seu eu interior, com os outros, o espaço e o resto do mundo. Contudo, a prática específica que você escolher deve estar baseada principalmente naquilo de que sentir mais necessidade em um dia em especial.

Por exemplo, se eu perceber que chego a um estado de espírito de raiva ou ressentimento por causa de algo que ocorreu no início do dia, a minha prática para me conectar com meu eu interior poderá ser a respiração com compaixão. Se me sentir particularmente intimidado pelos participantes da reunião, por causa dos títulos ou da fama deles, eu poderia passar mais tempo na prática de me conectar com eles e focalizar a atenção em me conectar com meus propósitos e convicções para que eu não perca a firmeza diante das fortes personalidades na sala.

Muitas das práticas descritas neste capítulo requerem o compromisso de chegar cedo ao espaço de reunião. Certifique-se de ter acesso a ele com algumas horas de antecedência ao início do encontro. Se não for possível chegar ao espaço da reunião mais cedo, mantenha a intenção de criar algum tempo e espaço para a prática de se conectar consigo e com o mundo mais amplo antes de sua chegada.

> As práticas de preparação para a liderança nos colocam no estado ideal para a reunião, do ponto de vista mental, emocional, físico e espiritual. Como os grandes atletas e artistas, os mediadores do fogo cruzado mais experientes são quase ritualísticos na maneira de investir o próprio tempo antes das reuniões. As preparações são essencialmente sobre a *conexão*. Quando nos conectamos com nossa intenção de orientação e com nossos dons pessoais, entramos na reunião nos sentindo mais lúcidos e confiantes. Quando nos conectamos com o espaço físico, fortalecemos a capacidade de estar no aqui e agora. Quando nos conectamos com os participantes, preparamos o terreno para que a compaixão e a mente aberta se mostrem. Em conexão com o mundo, nós nos lembramos do desapego e recebemos as surpresas.

## QUESTÕES PARA REFLEXÃO

- Quais as práticas e rituais antes da reunião fortalecem a habilidade de ser um mediador do fogo cruzado eficaz?

- Que novas práticas de autoconexão logo antes da reunião você poderia cogitar?

- Que novas práticas para a conexão com o espaço físico você poderia cogitar?

- Que novas práticas poderiam auxiliar no estabelecimento de uma conexão mais verdadeira com as pessoas dos grupos que você facilita?

- Que novas práticas poderiam ajudá-lo a conectar-se com um mundo mais amplo ou com a dimensão espiritual do seu trabalho?

## CAPÍTULO 11
# Enfrente o fogo cruzado

*Quando as coisas esquentam, você precisa de ajustes e atenção a cada momento, para perceber o que sente, pensa e faz no grupo. Basta apenas um breve instante de falta de atenção, e todo o processo pode se perder.*

Myrna Lewis
Facilitadora, Deep Democracy

Os mediadores de fogo cruzado mais experientes não são necessariamente menos pressionados do que os demais. Mas, como acontece com os patinadores campeões, eles parecem se recuperar dos próprios erros e quedas mais rápido do que a média dos líderes. Na maioria das vezes, a correção ocorre no momento, instantaneamente, de modo que só ele sabe o que aconteceu.

As práticas autoinduzidas deste capítulo são para uso específico durante as reuniões – no calor dos acontecimentos e das dinâmicas de grupo difíceis. Essas práticas para enfrentar o fogo cruzado nos auxiliam quando percebemos que somos puxados para um estado mais reativo.

### POR QUE PRÁTICAS EM TEMPO REAL PARA ENFRENTAR O FOGO CRUZADO?

É inevitável que em algum momento você sinta uma variedade de pensamentos e emoções fortes- confusão, raiva, medo, insegurança, soberba – sobre os quais será tentado a agir. As práticas para enfrentar o fogo cruzado são especificamente destinadas, em primeiro lugar, a interromper o impulso natural de agir sobre esses pensamentos e sentimentos e, em segundo, a substituir reações habituais por respostas mais construtivas.

Você terá dificuldade para ter sucesso com as práticas deste capítulo, a menos que tenha realizado as práticas consistentes e intencionais, descritas nos Capítulos 9 e 10. É essencial que as três primeiras práticas – *prestar atenção, nomear* e *pausar* – sejam dominadas a fundo, auxiliadas pelas práticas regulares de centralização e meditação. A quarta categoria de práticas o convida a mudar seu modo de ser. Oferece abordagens para modificar a sua perspectiva mental e emocional quando seu gatilho for acionado.

### PRESTAR ATENÇÃO

Esta primeira categoria das práticas é uma daquelas das quais tomamos conhecimento mais cedo como parte da prática de centralização. O objetivo dela é de apenas perceber o que experimentamos a cada instante. Demasiadas vezes, em situações de alta intensidade, nos tornamos desincorporados: passamos a funcionar apenas em nossas mentes e nos retiramos de qualquer sensação física. Essa desincorporação é uma forma de entorpecimento. Quando ficamos sem corpo, não temos mais acesso ao nosso corpo como um informante-chave.

Prestar atenção às sensações físicas, a intervalos regulares, nos torna presentes na experiência completa do momento. E também permite a volta a um estado familiar centrado do qual podemos começar todas as outras práticas descritas neste capítulo.

### NOMEAR

Ao fazermos um balanço do nosso estado físico, podemos sentir o desconforto, o desequilíbrio, ou mesmo a dor. Esses são indícios de que muitas vezes somos emocionalmente acionados. Nomear é a abreviação para o reconhecimento de que nossos gatilhos foram acionados e para identificar os sentimentos e os julgamentos que fazemos ou sentimos naquele momento. Por exemplo, eu posso perceber que meus punhos estão cerrados ou que meu coração está disparado. Isso permite que eu dê nome à sensação: estou ansioso.

Quanto mais rápido formos capazes de perceber que um gatilho foi pressionado, mais cedo podemos fazer algo produtivo com isso. Quanto mais tempo permanecermos sem nos darmos conta de que um gatilho acionado, provavelmente mais tempo agiremos de modo defensivo ou reativo.Precisamos conhecer os sinais que indicam que fomos pressionados, porque, como Robert Gass jocosamente diz, "quando somos acionados dessa forma, ficamos emocionalmente burros"[1]. Em outras palavras, quando nos vemos apanhados por uma reação emocional, ficamos com menos recursos e menos deliberação – e com menos probabilidade de tomarmos medidas que servirão aos objetivos da reunião. O ato de nomear exige que estejamos intimamente familiarizados com nossos próprios e exclusivos sinais de alerta. Os mais comuns desses sinais são a tensão muscular no pescoço e na mandíbula, dormência, ressentimento, culpa e padrões repetitivos de pensamento, em particular sobre o que deveria e não deveria acontecer. As práticas de cultivo da atenção todos os dias aumentam a capacidade de reconhecer os sinais indicadores de nossos gatilhos emocionais foram acionados.

Quando nos deparamos com um estado de desconforto físico ou emocional, a pergunta mais básica é geralmente a mais útil: *O que acontece comigo?* Observe que a pergunta não é "O que está errado comigo?". Quando damos um nome ao que acontece, queremos evitar julgamentos sobre o que está por trás de nossa reação. É simplesmente algo que acontece. Não é bom ou mau, inteligente ou estúpido, maduro ou imaturo.

Quando damos nomes aos nossos sentimentos e sensações, retiramos muito do poder da reação. Podemos identificar que estamos na defensiva, preocupados com o modo como somos percebidos pelo grupo, mergulhados em dúvidas, ou ressentidos com um determinado participante. Quando damos nomes aos sentimentos, nosso objetivo não é reprimi-los, mas sim neutralizar o poder deles.

### Pausar

Quando nos sentimos aprisionados pelo drama do grupo, a resposta natural a isso é agir de imediato, a fim de trazer de volta o chão sob os pés e restaurar o senso de controle e segurança. Mas, sermos atingidos por uma forte emoção não significa necessariamente que precisamos tomar medidas. A pausa envolve experimentar e apreciar essa energia de observação, mas não agir sobre ela. A pausa é uma escolha consciente de não agir sob a voz da autoproteção e da impulsividade. Essa pausa pode durar um segundo ou vários minutos. Mas pausar não significa uma postura passiva. Embora pareça passividade a alguém que observa de fora, estamos em um estado muito alerta e presente. Esse estado de alerta relaxado é cultivado pela prática da meditação. Nesse estado de imobilidade, somos capazes de ser curiosos, de ver mais claramente as escolhas disponíveis e de discernir com mais precisão aquilo que o grupo necessita. Fazer uma pausa pode ser particularmente difícil para um facilitador em um grupo que espera dele liderança, porque envolve resistir à tentação de pular para o meio da briga e "consertar" o problema ou fazer o desconforto ir embora. As pessoas projetam muitas coisas sobre nós por causa da autoridade que emana do papel que desempenhamos. O desafio em momentos de calor é não validar as projeções, mas sim fazer uma pausa. Em contraste com a supressão dos nossos sentimentos, a pausa envolve a repressão – experimentar ansiedade, raiva ou confusão, mas não agir em função desses sentimentos.

O momento de pausa é como estar na encruzilhada de dois caminhos. A primeira estrada leva a uma resposta defensiva ou induzida pelo ego. A motivação é o conforto psicológico. A segunda estrada leva a uma escolha sábia e deliberada. Prestar atenção e nomear nos leva à encruzilhada e nos oferece a escolha. Mas temos passado tantos anos de nossas vidas escolhendo a primeira estrada que muitas vezes nem sabemos da existência da segunda.

A pausa de centralização nos coloca num espaço livre da tagarelice mental, das distorções de percepção e das emoções. É uma posição de prontidão que nos permite deliberadamente mudar para um estado mais produtivo.

## Mude seu Estado

Após optar pela pausa, passamos a um estado mais presente e ficamos em condições de mudar a atitude, a emoção e o humor, que ficam entre nós e provocam o fogo cruzado[2]. Podemos escolher grande variedade de intervenções autodirigidas para o momento. O objetivo dessas práticas é romper com os velhos hábitos, substituindo-os por algo que seja neutro ou mais produtivo do que o nosso padrão de reações. Essas práticas alinham nosso modo de ser à intenção de orientador.

## RESPIRE...
## E RESPIRE ATRAVÉS DE...

O simples ato de respirar de modo consciente é uma intervenção essencial. Respirar leva oxigênio para as partes do corpo que estão sem ele por causa de nossa reação de "bater ou correr". A respiração intencional nos dá um único ponto de foco, permitindo-nos chegar ao centro de nós, distantes de uma reação-padrão e de volta ao nosso eu interior com propósito.

A prática da respiração profunda é a primeira e mais rápida linha de ação sábia e responsável, nos momentos em que são acionados nossos gatilhos emocionais. A respiração consciente pode ser utilizada em conjunto com a pausa descrita anteriormente. Quando nós respiramos com pausa, a respiração serve como um ponto focal, dando reforço à capacidade de retenção. Em caso de dúvida, ou angústia, respire.

### EVOQUE UMA QUALIDADE

Desenvolvida por Wendy Palmer , esta prática requer a escolha de uma qualidade que queremos incorporar[3]. O objetivo desta prática é interromper uma reação-padrão, oferecendo uma maneira alternativa de estar no meio do fogo cruzado. Pode-se escolher a qualidade que esteja em trabalho durante um determinado período de tempo. Alguns facilitadores mantêm uma pequena lista de qualidades que eles julgam útil evocar em situações de calor intenso. Como descreve Palmer, evocar uma qualidade requer apenas duas etapas:

1. Escolha uma qualidade que você julga útil evocar durante uma situação. Para encontrar algumas sugestões, volte às

maneiras de estar no meio do fogo cruzado e às qualidades e capacidades identificadas na Parte 2.

2. Complete a seguinte pergunta, e responda: Se não houvesse mais [nome da qualidade] em meu ser, qual seria a sensação?

Acionados seus gatilhos emocionais, você sente necessidade de evocar uma qualidade, então monte a pergunta apropriada para si. Guarde-a em sua mente ou diga-a, sozinho, em voz alta.

Assim, tendo sido acionado e sentindo a necessidade de controlar a situação, poderíamos evocar a qualidade da fluidez nos perguntando: "Como seria se eu tivesse mais flexibilidade em meu modo de ser?". Em diversos momentos podemos pedir mais abertura, coragem, clareza, paciência, energia, humildade, e assim por diante. A arte dessa prática é selecionar a qualidade certa no momento certo.

Observe que essa prática exige uma pergunta, em vez de montar uma declaração como "devia" ou "não devia". Fazer uma pergunta nos abre a possibilidade do que pode acontecer. Como Wendy Palmer escreve: "Este 'não saber' é o estado em que surgem a intuição e criatividade"[4]. Evocar uma qualidade é um caminho direto para qualquer um dos seis modos de ficar no meio do fogo cruzado e uma maneira de voltar à administração responsável da reunião.

### RECONEXÃO À INTENÇÃO DE ORIENTAÇÃO

Vimos a importância de ter uma intenção clara de orientação – de saber o que defendemos. Reconectar-se com ela é uma prática particularmente útil quando sentimos que as coisas saíram dos trilhos ou que alguém, nós ou um dos participantes, não age dentro dos limites importantes dos princípios orientadores. Podemos vivenciar isso como sentimentos de culpa, confusão ou ansiedade. Em outros casos, desfrutamos do poder e do status conferidos pelo grupo a nós e inadvertidamente avançamos os limites do nosso papel. Mesmo que os sentimentos sejam desconfortáveis ou prazerosos, podemos intuir que nossa integridade ou a integridade da reunião vá embora.

Há muitas maneiras de se reconectar com uma intenção de orientação. O mais simples deles é simplesmente fazer-nos uma série de perguntas. Quando você se sentir confuso ou distraído com o que acontece em uma reunião, faça a si mesmo estas três perguntas:

> *Em nome de quem estou aqui, e qual é a finalidade dela?*
> *Qual é e qual não é o meu trabalho neste cenário?*
> *O que tem integridade para mim agora?*

Se não fizermos o trabalho de preparação de maneira a sedimentar a nossa intenção de orientação, tais perguntas serão difíceis de serem respondidas no momento. No entanto, se fizemos a pacto adequado conosco e com o grupo desde o início, esse processo de reconexão leva segundos para se efetivar. Lembro-me de aplicar essa prática em uma reunião em que eu pude ver que o processo decisório tornara-se corrompido. Três agências de publicidade competiam por um grande contrato. A comissão de seleção foi composta de partes interessadas e alguns desses interessados deixaram escapar durante um intervalo que receberam presentes caros de uma das agências concorrentes. Parecia que a agência que fizera o suborno seria premiada com o contrato, apesar de os dados e propostas não preencherem os critérios da seleção, pelo menos não tão bem quanto os outros dois candidatos.

Eu tinha apenas alguns minutos para decidir o que fazer antes da votação. Aquelas três perguntas vieram à mente, e minhas respostas foram: "Meu propósito é auxiliar a fazer emergir a maior sabedoria do grupo. Estou aqui para servir aos interesses da empresa, facilitando um processo justo e racional. Integridade significa não fingir que não sei o que sei". Trinta segundos depois, eu pedi um intervalo e apresentei ao CEO a informação que chegara a mim. A decisão foi temporariamente suspensa, e a agência que fizera o suborno foi finalmente eliminada do processo.

Uma segundo jeito, menos cognitivo, de se reconectar com seu propósito e intenção é uma variação da prática de preparação utilizada para se fundamentar em uma intenção de orientação. Essa prática requer um modo específico de ficar em pé, com as mãos colocadas logo acima do umbigo. Quando você se sentir desconectado de sua finalidade, você pode tomar uma postura com as pernas alinhadas pela largura dos ombros, dobrar os joelhos ligeiramente e colocar a mão em sua barriga. Os outros não saberão que você induz um estado de consciência e fisicamente localiza seu giroscópio interno.

### MUDE SUA POSTURA FÍSICA

Nos ensinaram que corpo, mente e coração são domínios distintos e que precisamos abrir o nosso caminho para novas emoções ou movimentos físicos. Mas, como escreve o treinador em liderança Chalmers Brothers: "Os três aspectos estão ligados uns aos outros, reforçando uns aos outros, esforçando-se para manter a coerência uns com os outros"[5]. Em outras palavras, nossa fisiologia pode ser o ponto de partida para pensamentos ou emoções mais produtivos. O modo como nos sentamos, ficamos em pé, caminhamos, como nos colocamos em relação aos demais, nossas expressões faciais, tudo isso pode servir como passagens para as mudanças mentais e emocionais que buscamos.

Por exemplo, meus ombros tendem a cair para a frente naturalmente. Mas eu fico mais desleixado do que o habitual quando me sento desanimado, fechado e extremamente julgador. Ao longo dos anos aprendi que não preciso tentar mudar minha atitude conscientemente. Só preciso puxar meus ombros para trás e abrir meu peito. Quando faço isso, algo muda. É como se minha mente e meu coração não fossem capazes de conviver com a incongruência que eu mesmo criei em meu corpo. Da mesma forma, quando sinto uma intensidade emocional me arrebatando, concentro minha atenção na forma como as solas de meus pés estão em contato com o chão. Quando sinto que a ansiedade ou o medo assumem meu verdadeiro senso de humor, faço questão de mexer os dedões. Ninguém sabe que existe uma pequena festa acontecendo dentro daqueles sapatos bem polidos, mas de certa forma, o movimento me desloca para uma nova maneira de ser.

Durante as próximas reuniões, faça experimentos com seu modo de ser físico e observe como o estado mental e o emocional mudam quase instantaneamente.

- Sinta as solas dos pés em contato com o solo.

- Puxe os ombros para trás e abra o peito.

- Relaxe o queixo e levante a cabeça.

- Endireite as costas, estique o topo da cabeça para o céu.

- Sorria.

- Deixe a inspiração percorrer todo o caminho até a barriga.

- Altere o volume e o tom de voz.

- Pare de falar.

Esses são apenas alguns exemplos de pequenos ajustes físicos que você pode fazer e que podem provocar uma mudança no seu humor e na sua atitude. Experimente todas eles e tente alguns que você mesmo criar. E lembre-se: é muito difícil ficar com medo quando você mexe os dedos dos pés.

## REFORMULE A SITUAÇÃO

A prática de ressignificação, também conhecida como "reestruturação cognitiva", foi descrita inicialmente pelo psicólogo Paul Watzlawick[6]. O objetivo da ressignificação é nos auxiliar a ver uma situação preocupante de outro ângulo e, ao vê-la de forma diferente, ampliar as opções de resposta. Essa reformulação exige que perguntemos:

*De que outro modo posso interpretar essa situação e o que faço sobre isso?*
*Que outras histórias eu poderia contar sobre isso?*
*Que intenção positiva, explicação ou implicações podem estar subjacentes a esta situação?*

Essas perguntas permitem que tiremos os "óculos" de nossa maneira-padrão de interpretar as situações e inspecionemos as lentes. Podemos descobrir que é menos útil perguntar se uma interpretação é verdadeira ou falsa do que perguntar: *Ela é útil neste momento?* Ao reformularmos uma situação, descobrimos formas alternativas de enxergar os mesmos fatos. A situação se mantém inalterada, mas a nossa perspectiva é transformada.

O ato de reformular ilustra como a linguagem é a principal forma de os seres humanos criarem significado. Quando somos acionados, estamos propensos a lidar com uma situação trivial como se fosse uma catástrofe ("Este desacordo inviabilizará toda a reunião"), a personalizar ("E será tudo culpa minha"), a assumir que a situação será permanente ("E nós nunca seremos capazes de trazer este grupo de volta aos trilhos") e a tirar conclusões difusas ("Este tipo de reunião simplesmente não funciona"). Quando reformulamos as situações, enxergamos alternativas para essas narrativas autodestrutivas.

Quanto mais experientes nos tornarmos em reformular e ressignificar o momento, mais rapidamente estaremos aptos a mudar as coisas para um estado mais ágil e produtivo. Podemos nos sentir esmagados pela longa lista de questões complexas e emocionalmente carregadas que o grupo apresentará. Poderíamos pensar: "Você nunca será capaz de chegar a um acordo sobre a resolução dessas questões". E no momento seguinte, poderíamos ser capazes de pensar ou mesmo dizer em voz alta: "É ótimo que vocês falem sobre esses desafios. Significa que vocês têm coragem de trazê-los à luz e vontade de trabalhá-los. Isso é um grande passo".

Conhecendo nossos gatilhos emocionais, podemos antecipar algumas das narrativas limitantes que nos prenderão. Para essas narrativas tão familiares, podemos ter novos planos carregados e prontos para serem utilizados. Por exemplo, quando vejo alguém *gritando* com outros, minha história-padrão diz que: "Esse é um indivíduo rude e desrespeitoso de quem as outras pessoas precisam se proteger". Se eu comprar a minha história inicial, poderia tratar essa pessoa com agressividade ou de alguma forma exagerada por querer proteger os outros membros do grupo. O problema é que a minha interpretação é muitas vezes incorreta porque minha forma de ver as coisas está enevoada pela minha reação habitual à ira. Eu sei, então, que preciso ter algumas novas molduras guardadas no bolso de modo que possa utilizá-las para sair de um estado e passar a outro, que seja mais eficaz. Assim, quando alguém levanta a voz com raiva, rapidamente digo a mim mesmo: "Parece que esta questão é realmente importante para essa pessoa" ou "Eu vejo que essa pessoa se esforça ao máximo neste momento para expressar o próprio sofrimento".

Ressignificar me retira de uma narrativa de vitimização ("Eles atrapalham minha reunião, então sou obrigado a utilizar o chicote") e me leva a uma narrativa de escolha ("Eu escolho manter as fronteiras de acordo com a finalidade do grupo"). Reformular as narrativas limitantes dessa maneira nos auxilia a desafiar os pressupostos e nos dá acesso a opções adicionais de ação.

## FAÇA DISTINÇÕES ÚTEIS

Quanto mais distinções fizermos, maior será nossa capacidade de realizar uma ação efetiva. Por exemplo, Moi é um indígena da tribo dos Huaorani, que vive na floresta amazônica equatorial. Quando eu andava pela floresta com Moi, ele não sabia apenas o nome das plantas, mas também sabia os usos de cada componente daquela planta: "Utilizamos a seiva desta vinha para tratar feridas, e esta casca de árvore utilizamos para fazer chá, e é esta folha que utilizamos para fazer o telhado das nossas cabanas". Se eu caminhasse sozinho pela mesma floresta, veria diversas plantas bonitas. Moi enxerga coisas que a maioria de nós não consegue ver. E por esse motivo, ele tem uma capacidade muito maior para tomar as decisões corretas nos domínios da floresta.

Da mesma forma, quanto mais distinções pudermos fazer a respeito de nosso cenário interior e da dinâmica do grupo, maiores serão as possibilidades de fazermos as melhores escolhas quando estivermos no domínio das reuniões acaloradas. Tentar conduzir esses grupos de alta combustão sem distinções é a mesma coisa que tentar sobreviver na floresta amazônica durante uma semana sem os olhos de Moi.

Quais são as distinções que nos auxiliam a nos recuperar quando nos tornamos reativos?

**Intenção *versus* impacto.** Não é possível saber as intenções de outras pessoas. Qualquer história que eu invente acerca da intenção do outro será apenas isso: uma história. Eu só posso observar o impacto do comportamento do outro.

**Ocorrência *versus* explicação.** Aqui está o que aconteceu, e então há a história que criei sobre o que aconteceu. Manter essa distinção me auxilia a permanecer na realidade.

**Suposição *versus* fato.** A maior parte daquilo que acredito que "sei" sobre um fato é realmente opinião, suposição, inferência. Eu preciso me lembrar disso.

**Ignorância *versus* cegueira.** A ignorância consiste nas coisas que sabemos que não sabemos. A cegueira é constituída por coisas que não sabemos que não sabemos. O segredo é estar alerta para o fato de que todos nós temos pontos cegos.

Uma das distinções mais comuns que as pessoas deixam de fazer se refere aos pontos de vista *diferentes versus* os pontos de vista *conflitantes*. As pessoas desperdiçam muito tempo nas reuniões com debates sobre diferentes perspectivas e pontos de vista, e não percebem que essas perspectivas não são incompatíveis e podem ser facilmente combinadas. Um mediador do fogo cruzado que estiver alerta a essa distinção estará menos suscetível a ser arrastado por essa dinâmica baseada na ruptura e poderá auxiliar o grupo a encontrar um denominador comum.

O segredo para essa prática é fazer com que as distinções passem a fazer parte de nossa linguagem, tanto interna quanto externa.

Quando conseguimos fazer essas distinções no momento, podemos ter uma compreensão mais precisa desses eventos desafiadores e, portanto, nos tornamos capazes de impedir a escalada para um estado reativo.

### CONVIDE SEUS ALIADOS E CONSULTORES

Muitos dos líderes entrevistados têm imagens muito específicas dos próprios professores, conselheiros e das pessoas inspiradoras que carregam nos corações e mentes. Se mantivermos uma prática contínua focada na lembrança dessas pessoas e nas lições que elas nos ensinaram, tais lições e conselhos serão rapidamente acessados. Quando for necessário nos deslocar para um modo de ser mais sensível, podemos nos fazer as seguintes perguntas:

*O que essa pessoa faria nesta situação?*
*Como ele analisaria esta situação?*
*O que ele sussurraria em meu ouvido agora?*

Por exemplo, o primo de meu pai, Sidney, foi professor de assistência social na Inglaterra e viveu até os oitenta anos. Ele foi um importante mentor para mim, alguém cujas lições ainda trago comigo. Ele costumava dizer: "Larry, você precisa se lembrar de que, quando as pessoas agem com raiva, elas estão realmente com medo". As palavras de Sidney continuam úteis, mas quando eu chamo a presença dele, também consigo ouvir aquela voz tranquilizadora. Vejo o sorriso brincalhão e o brilho dos olhos dele. Eu sinto a confiança que tinha em mim. Além de lembrar as lições que ele me ensinou, a prática de fazer Sidney aparecer em minha mente me leva para um lugar de calma e de compaixão.

Quem são os seus professores, padrinhos e conselheiros internos – vivos ou já falecidos? Quais são as lições e as formas de apoio que eles têm dado a você? Treine-se para manter a imagem dessas pessoas acessível. Crie uma lista com três a cinco de seus mais importantes conselheiros. Ao lado de cada um dos nomes, escreva uma ou duas frases que caracterizem a sabedoria de cada um. Tente capturar os ensinamentos, utilizando as palavras que eles diriam se falassem com você. Que este seja o começo de seu "diário de sabedoria", que discutiremos no próximo capítulo.

### UTILIZE UMA AFIRMAÇÃO

As afirmações são declarações ou orações orientadas para um resultado positivo. Muitas vezes, a declaração é manifestada como se o resultado já tivesse acontecido. Nas páginas anteriores, discorremos sobre as afirmações como prática permanente. No contexto de recuperação *durante* uma reunião, uma afirmação não deve se focar no resultado da reunião mas sim sobre o estado que queremos atingir para continuarmos a serviço do grupo. Assim, podemos nos dizer: "Eu sou o grande coração aberto", se quisermos mudar o nosso estado em direção à compaixão.

Uma variação interessante sobre as afirmações é a prática do *Sim... E...* que foi desenvolvida por Wendy Palmer[7]. Essa prática visa especificamente evitar que nos encontremos presos em críticas e julgamentos negativos. Nós poderíamos dizer: "Fiquei realmente na defensiva com esse grupo!" ou "Me senti intimidado e desapareci por um tempo". Ou ainda "Abusei da minha autoridade nesta situação". O risco é o de permanecer nesses estados, duvidando de nós ou nos culpando e sendo incapazes de mudar a situação ou o sentimento.

Em vez de tentar suprimir ou resistir a essas mensagens negativas, essa prática nos permite reconhecer o erro e, em seguida, incorporar um objetivo afirmativo em direção do qual desejamos avançar. Por exemplo, "*Sim*, usei mal a minha autoridade. *E* se tivesse mais autoconfiança, qual seria a sensação?". Aqui, o processo é feito em duas etapas:

1. **Reconhecer** a mensagem negativa com um "sim", assumindo o que é verdadeiro na mensagem, sem resistência.

2. **Afirmar** a qualidade ou capacidade que você quer cultivar, colocando algo a mais na pergunta: "Se houvesse mais [desta qualidade] em meu ser, qual seria a sensação?".

Essa prática pode ser utilizada para mudar o estado diante da autocrítica ou de censuras do próprio grupo. Ela auxilia a manter a autocompaixão e a curiosidade de um novato que aprende com os próprios erros.

Os objetivos dessas práticas, feitas no calor do fogo cruzado no grupo, são o reconhecimento de um estado provocado para não agir de modo que haja arrependimento mais tarde, e a mudança desse estado para um modo de ser que afirme o papel do mediador do fogo cruzado. Para que sejam verdadeiramente úteis, essas práticas devem tornar-se sua segunda natureza, como se fossem aqueles passos de dança bem ensaiados. Como mediadores de fogo cruzado experientes, podemos treinar nossos ouvidos para ouvir a música de nossos próprios corpos e nos movimentar com fluidez pelas práticas que nos auxiliam a adquirir estabilidade para tomar medidas transparentes e deliberadas.

### Realizando as práticas em tempo real

No momento em que você se sente cada vez mais distraído ou reativo, essas práticas de recuperação em tempo real fazem toda a diferença, especialmente se elas são construídas sobre o fundamento das práticas para cultivar a prontidão cotidiana e aquelas que nos preparam para liderar. Tornar-se apto e habilidoso a utilizar tais práticas significa colocar-se em situações de alta temperatura e observar como funcionam quando você se sente forçado a agir inspirado por fortes emoções. Às vezes, as condições podem ser simuladas, mas, na maioria dos casos, acontecem no trabalho prático.

O desafio, então, é equilibrar a vontade de se envolver em ricas oportunidades de aprendizado e o cuidado para não entrar numa situação muito acima de nossas capacidades.

Por uma questão prática, sugiro que você comece utilizando as interações diárias com familiares, amigos, colegas e clientes, para exercitar essas abordagens nas mudanças de estado em tempo real. Quanto mais olhar para elas, mais aumenta a capacidade de identificar as oportunidades de exercitar a recuperação, quando apanhado pelos acontecimentos cotidianos.

Você também pode praticar a mudança de estado quando estiver sozinho e observar que está preocupado com pensamentos improdutivos ou sentimentos como impaciência, estresse, insegurança, raiva e superioridade. Tais situações podem acontecer em muitas circunstâncias: esperando numa longa fila no banco ou trabalhando com um prazo apertado.

Lembre-se: as oportunidades de utilizar essas práticas para enfrentar o fogo cruzado, na maioria das vezes, acontecem em locais onde os outros observam você. Embora seja tão simples quanto fazer uma pausa ou evocar uma qualidade naquele instante, envolver-se numa prática dessas pode parecer arriscado, porque outras pessoas testemunham seu processo. Em muitos casos, podemos ser transparentes em relação a nosso processo e, com isso, auxiliar os outros a aprender a lidar melhor com as próprias reações. Quando você vacilar na frente dos outros, vendo-se incapaz de abster-se de assumir uma reação-padrão, lembre-se de que o senso de humor, a humildade e um sincero pedido de desculpas auxiliam profundamente na reparação de qualquer dano.

> Durante a reunião, e bem no momento em que você se vê provocado, distraído ou confuso, é preciso encontrar uma forma de sair da reação-padrão. As práticas para enfrentar o fogo cruzado de uma reunião nos auxiliam a reconhecer rapidamente os velhos padrões de autodefesa e substituí-los com as respostas que promovem a clareza, a calma e a coragem. Essas práticas interrompem a reação-padrão apenas pelo tempo suficiente de nos deslocarmos para uma nova maneira de pensar e de sentir – uma maneira de ser mais coerente com nossa intenção de orientação.

As práticas para enfrentar esses incêndios em reuniões são os verdadeiros "movimentos" em tempo real que todo mediador do fogo cruzado precisa aprender a fazer. E nenhum desses movimentos será eficaz se não tivermos uma base concreta de práticas para estarmos alertas no cotidiano.

### PERGUNTAS PARA REFLEXÃO

- Quais são as advertências específicas, físicas e comportamentais, de que seus gatilhos foram acionados? Quais são os sinais mais sutis que antecedem aqueles já identificados?

- Você consegue se lembrar de algum momento em que identificou o gatilho acionado ou quando conscientemente observou que tinha algum tipo de reação emocional e fez uma escolha consciente de não agir e de não dizer nada? O que surgiu daquele espaço que criou no momento?

- Que práticas você utiliza atualmente para mudar o seu estado de uma posição reativa para um modo de ser mais claro e deliberado? Que elementos dessas práticas você definiu como sendo mais úteis? Qual das práticas descritas neste capítulo você explorará?

- Você percebeu que as práticas de enfrentamento do fogo cruzado têm fundamento nas práticas de cultivo da prontidão diária, vistas no Capítulo 9, e nas práticas de preparação para a liderança do Capítulo 10? Como você chegou a isso?

# CAPÍTULO 12
# Reflita e renove

*Existem espaços na minha mente que eu não chego a explorar, a menos que passe algum tempo ao ar livre, refletindo com meus colegas sobre meu trabalho.*

Mary Margaret
Golten Partner, CDR Associates

Mesmo quando a reunião termina, nossas práticas intencionais devem continuar. É como se precisássemos da totalidade de nossa saúde física, emocional, intelectual – e de nossa energia espiritual – para criar e manter unido um espaço no qual uma reunião de alta temperatura tivesse êxito. Precisamos de práticas que dêm suporte à aprendizagem e renovação contínuas. Aquelas descritas neste capítulo focalizam o que fazer depois que a reunião formal terminou. São práticas nas quais:

- Você deixa as coisas para trás.

- Colhe aquilo que aprendeu.

- Comemora.

- Restaura-se.

## PARA QUE SERVEM PRÁTICAS DE RENOVAÇÃO E REFLEXÃO?

Essas práticas que contribuem para a reflexão e a renovação nos permitem realocar o centro de nosso giroscópio interno e renovar o comprometimento com nossos propósitos e convicções. Elas nos auxiliam a aprender a ver mais claramente os nossos pontos cegos habituais e evitar a repetição de padrões de comportamento improdutivos. Essas práticas permitem-nos limpar a mente, colocar os eventos na correta perspectiva e reenergizar o corpo, a mente e a alma. As práticas de renovação e de reflexão exigem que criemos um espaço para a calma e a tranquilidade, do qual novos *insights* e uma sabedoria mais profunda emergirão.

### DEIXE PARA TRÁS

Isto é um eufemismo que utilizamos para dizer que alguns dos eventos que ocorrem durante os encontros muito acalorados podem ser intensos e às vezes perturbadores. Nas entrevistas realizadas para este livro, os facilitadores profissionais e líderes frequentemente fizeram declarações como "Se eu não estiver atento, será realmente muito fácil absorver as emoções da sala e levá-las comigo para casa". Para evitar isso, muitos de nós desenvolvemos algumas práticas para deixar nossas reuniões para trás.

### CUIDE DO ESPAÇO PROLONGADAMENTE

Como dizem nos círculos da Open Space Technology: "Quando acabou, está acabado"[1]. Um corolário desse princípio é: "Quando acabou para eles, nem sempre acabou para mim". Zelar pelo espaço pode ser apenas mais uma etapa da logística – recolher os *flip charts*, devolver as cadeiras no lugar e assim por diante. Mas, para muitos de nós, esse tempo na sala depois que os participantes vão embora é um momento de diminuir o ritmo, de descompressão e de esvaziar todo o resíduo emocional negativo.

Cuidar prolongadamente do espaço pode levar a uma qualidade meditativa. Quando entro no modo de operação pós-reunião, dedico um tempo para intencionalmente me centrar novamente. Se as pessoas vêm até mim para agradecer ou fazer uma pergunta, tento dar a minha atenção total. Ao mesmo tempo, não inicio nenhuma conversa a mais do que o necessário. E enquanto reúno e embalo os materiais, me mantenho muito consciente de minha respiração. Depois de embalar todas as minhas coisas, faço questão de reorganizar a sala e deixá-la na condição original. Assim como eu quero deixar a reunião livre de qualquer entulho mental ou emocional, tento do mesmo modo deixar a sala livre de qualquer entulho material.

A prática de cuidar prolongadamente da sala de reuniões não precisa envolver qualquer tipo de esclarecimento mental consigo ou com outros. Para mim, essa prática de devolver o espaço ao estado original é um ato de afirmação de que a reunião especial deste dia fará parte de uma teia de conversas interligadas na organização e no mundo. Quando coloco o espaço em ordem novamente, lembro-me de que outros grupos reuniram-se no mesmo espaço antes de nós, outro grupo ocupará o espaço amanhã e, ainda outros, nas semanas que virão. É a minha maneira de colocar as coisas em perspectiva e lembrar que meu trabalho é medido por mais do que uma única reunião. Cuidar do espaço é um ato final de estar a serviço de alguém e uma forma de sair da reunião com um sentimento de paz interior, de completude e de perspectiva.

### USE A VOLTA PARA CASA

Alguns de nós viajam longas distâncias para mediar reuniões. Outros fazem o trabalho a apenas alguns passos de casa. Independentemente da duração da viagem, ou do meio de transporte, podemos utilizar essa viagem para fazer nossa renovação e reflexão. Uma viagem é o ato de se transportar de um local para outro. Essa prática requer a aplicação da ideia de "lugar" em um sentido mais amplo. Nós podemos utilizar nossa viagem de volta para casa para chegar a um lugar diferente – mental, físico e emocional. Pergunte-se: *A que serviria meu aprendizado e minha renovação na viagem para casa?* Para alguns, essa viagem é um momento de sorrir e deixar alguma leveza entrar no próprio ser depois de um dia de aflição e opressão. Para outros, pode ser uma oportunidade para refletir sobre, ou anotar, alguns pensamentos a fim de que eles deixem de ocupar a própria mente. Eu não consigo dormir bem enquanto viajo, por isso muitas vezes utilizo esse tempo para descansar meu corpo. Para Chris Corrigan, a viagem para casa é o deslocamento de uma posição de alta visibilidade, em uma reunião de muita tensão, para outra, onde nossa imagem se mistura, novamente, ao restante do mundo. Ele descreve assim: "Adoro mediar uma reunião, passar pela porta e sair para a rua, onde volto a ser ninguém novamente"[2]. Não importa se o objetivo é descansar, comemorar ou reintegrar-se ao mundo, faça da viagem de volta para casa uma prática consciente de decisão sobre qual é sua intenção e qual a melhor forma de atingir esse objetivo.

### FAÇA UMA LIMPEZA RITUAL

Se permitirmos que nossos pesares, ressentimentos e questões incômodas se acumulem depois de cada reunião, eles podem começar a pesar sobre nós como desconfiança, raiva e cinismo. Precisamos de uma forma de esvaziar o dia – de nos livrar dos resíduos que ainda persistem em nós. Rituais de limpeza são uma ótima maneira de fazer isso acontecer.

O ritual de limpeza é mais comumente um ato de lavar. Pode ser algo tão simples como lavar as mãos conscientemente no final de uma reunião, ou algo tão elaborado quanto um banho de imersão em infusão de ervas, acompanhado da música favorita. Marianne Hughes descreveu uma vez o próprio ritual de limpeza desta maneira: "Para mim, o banho é a ação física de praticar o desapego daquele dia, o momento de realmente cuidar de mim e de relaxar e descansar de modo consciente. É literalmente deixar aquele dia escorrer ralo abaixo". Existe um poder simbólico nessa prática de limpeza pós-reunião e, como no caso do banho, pode ser um ato muito prático de cuidar de si. No entanto, nós não precisamos da água para nos purificar do dia. Dar uma rápida caminhada, a leitura de uma passagem de um poema ou escrever em um *blog* – ou em um diário – pode produzir o mesmo benefício.

### CONVOQUE TESTEMUNHAS

A prática incomum e muito poderosa de convocar testemunhas após uma reunião, foi compartilhada comigo por Zaid Hassan, facilitador de reuniões e consultor, em Londres. Zaid descreveu uma reunião extremamente difícil em que os membros da própria equipe de consultores se debateram tanto com o fogo cruzado do grupo quanto com as próprias reações[3]. No final dessa reunião, a equipe convidou três membros do grupo para comparecer a outra reunião, durante a qual ouviriam as reflexões da equipe de facilitadores. Zaid relembra: "Nós dissemos a eles: 'Servimos a vocês durante os últimos dias. Agora, gostaríamos que ouvissem nossa experiência, como nos sentimos e aquilo com o que nos debatemos'".

Nessa reunião pós-encontro, os facilitadores não pretendiam justificar as escolhas que fizeram ou defender as próprias ações. Eles simplesmente queriam ser ouvidos. Zaid me explicou que essa prática foi desenvolvida porque a equipe percebeu que, no passado, eles voltaram para casa carregando alguns dos sofrimentos e traumas de determinadas reuniões. O trauma prejudicou a dinâmica da equipe, e a prática das testemunhas era uma forma de deixar esse trauma para trás.

Convocar essas testemunhas exige uma seleção especial. Devem ser pessoas dispostas e capazes de suspender qualquer julgamento e também de ouvir atentamente. O benefício dessa prática é que serve como um tipo de "limpeza" verbal e emocional em relação aos eventos mais traumáticos. A capacidade de nomear as lutas e o sofrimento de alguém e de ser visto e sentido por outros é uma ótima maneira de deixar uma reunião para trás.

### A colheita da Aprendizagem

Após uma reunião, os facilitadores mais conscientes normalmente investem energia para melhorar os projetos, as técnicas e os métodos. Eles se concentram em adquirir mais conhecimento e melhorar as habilidades e métodos. É menos comum que o foco seja sobre a experiência interior – o estado mental, emocional e fisiológico e o impacto que esse estado exerce sobre a própria eficácia e sobre o grupo. As práticas de colheita são uma maneira sistemática de assegurar o trabalho de construção da autoconsciência e a escolha deliberada de ações.

## PRESTAÇÃO DE CONTAS

Sente-se com os outros e analise como a reunião se desenrolou. As questões mais típicas dessas sessões focam nossos pontos fortes, fraquezas e sugestões de como fazer melhor as coisas no futuro. Uma sessão mais abrangente, no sentido de explorar o impacto das nossas posturas, também pode levantar perguntas relacionadas com o nosso estado interno, principalmente durante os momentos de confusão, conflitos ou de intensidade emocional. Tais perguntas podem ser:

- Até que ponto eu, como facilitador, estive presente, aberto e curioso?

- Até que ponto eu mantive a clareza e o foco no objetivo da reunião?

- Até que ponto demonstrei flexibilidade quando surpresas ocorreram?

Fazer um balanço pós-reunião pode envolver os organizadores por parte do cliente, participantes da reunião, cofacilitadores ou outros colegas presentes. O foco está em fazer perguntas e solicitar *feedback*. O *feedback* se destina a lançar luz sobre possíveis pontos cegos e permitir a descoberta de padrões que limitam a nossa eficácia como mediadores do fogo cruzado. Tal balanço muitas vezes proporciona aos clientes e às demais pessoas novos *insights* sobre si mesmo e um sentido mais amplo do próprio potencial interior.

### MANTENHA UM DIÁRIO

Escrever um diário é geralmente uma atividade pessoal. As pessoas mantêm um diário de forma a capturar uma grande variedade de ideias e sentimentos. Existem tantas versões de diário quanto de indivíduos. Para os mediadores do fogo cruzado, alguns dos tipos mais úteis de diário são aqueles que têm crônicas sobre eventos críticos, momentos de sabedoria e menção aos gatilhos.

Os diários que focam os *eventos críticos* assumem a forma de uma espécie de "diário de bordo" dos navios e capturam as observações e as lições aprendidas em cada reunião. Isso fornece a oportunidade de observar padrões e temas. Esse tipo de diário é particularmente útil para quem tem objetivos de aprendizagem específicos.

Por exemplo, digamos que você decidiu tentar, por um período de seis meses, tornar-se mais flexível diante de acontecimentos inesperados. Você pode focar seu diário de pós-reunião naqueles momentos em que se viu apanhado desprevenidamente e como lidou com a situação. Enquanto escreve sobre tais momentos, você pode prestar atenção especial sobre suas respostas físicas, mentais e comportamentais a surpresas quando elas ocorreram.

Os diários que buscam capturar a *sabedoria* dos outros são úteis porque nos oferecem uma ferramenta concreta para manter os nossos "consultores internos" bem à mão. Logo que nos deparamos com ideias importantes, princípios, histórias ou citações, podemos fazer essas anotações no diário e consultá-las regularmente. Tanto o ato de escrever quanto o de revisar reforçam os princípios e tornam a sabedoria mais acessível. Lembre-se: a sabedoria mais profunda pode estar nos lugares mais inesperados. Ao longo dos anos, escrevo no meu diário os *insights* dos gurus da administração e de psicólogos. Mas também registro profundos *insights* de poetas, de crianças e de motoristas de táxi. Manter um diário desse tipo nos obriga a estar atentos o tempo todo para a próxima joia.

Não podemos mudar o que não podemos ver. A finalidade de um diário que trate de nossos *gatilhos* é nos auxiliar a ver e a nos familiarizar com eles. Esses gatilhos são semelhantes aos demônios pessoais, que, segundo Tsultrim Allione, são as coisas que nos perturbam, nos drenam a energia e nos levam a ações improdutivas[4]. Tentamos reprimir e controlar esses demônios e muitas vezes os projetamos sobre os outros.

Pense no seu diário sobre seus gatilhos como "reflexões sobre suas projeções". Ele funciona como um espaço de registro do que tende a agarrar você e evocar resistência, defesa ou qualquer outra resposta que sirva de obstáculo entre você e sua intenção de orientação.

O primeiro passo nesse processo é identificar seus gatilhos emocionais. Aqui estão alguns exemplos dos tipos de perguntas para identificação dos gatilhos após a reunião.

- Que gatilhos emocionais eu percebi?

- Quem eu me tornei quando os gatilhos foram acionados? Onde mantive essa experiência em meu corpo, e qual foi a experiência física? Onde se encontravam minhas emoções, pensamentos e comportamentos quando esse gatilho foi acionado?

- Que eventos externos ou situações acionaram esse gatilho?

- Que tipos de lembranças, crenças, estados de espírito ou pensamentos subconscientes pareciam estar ligados a esse lugar sensível dentro de mim?

- Qual é a necessidade não atendida que está por trás desse gatilho?

- Que lições esse botão emocional tem para me ensinar? Que virtudes pessoais e fontes de sabedoria fariam parte desse gatilho?

Esteja você vivenciando *insights* de incidentes críticos, recolhendo sabedoria de seus mestres ou tendo encontros com seus botões emocionais, você não precisa limitar expressão em palavras. Os diários são os locais ideais para desenhar, pintar ou fazer colagens. Eles podem ter rascunhos, frases recortadas de revistas ou retiradas dos biscoitos da sorte.

*Blog* é um diário online. Ele pode ser utilizado da mesma maneira que os diários anteriormente mencionados, mas há uma diferença importante. Eles são geralmente acessíveis ao público em geral ou para um grupo de pessoas autorizado pelo blogueiro. Os *blogs* são uma maneira maravilhosa de compartilhar lições aprendidas, sabedorias reunidas e histórias pessoais de outras pessoas do mesmo ramo. As comunidades dessas práticas normalmente se formam em torno de um *blog*. Para ver um excelente exemplo de reflexões pessoais sobre a arte de convocação de reuniões e o crescimento interno associado com o nosso trabalho, visite o *blog* de Chris Corrigan: http://www.larrydressler.com.

## COMEMORE

A velocidade parece ser algo muito importante no mundo de hoje. E nessa pressa toda, não fazemos uma pausa para marcar os inícios e as conclusões. A seriedade também parece importar muito. Nós nos convencemos de que a seriedade das circunstâncias que enfrentamos significa que devemos nos tornar pessoas sérias – pessoas sombrias, tristes e sisudas. Às vezes, parece que a velocidade e a seriedade excluem de nossas vidas o direito de celebração. Mas os mediadores do fogo cruzado precisam desafiar essas normas culturais e construir a celebração na própria rotina.

Os mediadores do fogo cruzado têm muito a ganhar com essa celebração. Precisamos nos conectar com as coisas pelas quais somos gratos, fazendo isso, nos ligamos a nossos corações e à humanidade, a qual servimos com nosso trabalho. As comemorações nos auxiliam a cultivar a gratidão. Auxiliam-nos a tratar a nós e aos outros com mais compaixão. A celebração homenageia o nosso objetivo, o que reforça a nossa determinação de continuar a prosseguir nesse objetivo. Por último, a comemoração é aquele momento em que os adultos podem explorar a própria natureza mais lúdica, mais cheia de alegria, mesmo aquela natureza mais infantil, o que nos permite a liberdade de dançar, cantar e rir.

O trabalho que fazemos, muitas vezes, é digno de comemoração, e há muitas oportunidades naturais para comemorar, se estivermos atentos a elas. Por que comemorar? Às vezes, nós celebramos apenas pelo fato de passarmos pelo fogo cruzado intactos. Mas também podemos celebrar um início, a escolha que um grupo de pessoas fez para se reunir e lutar pela resolução de uma questão central, um problema difícil ou para discutir uma nova possibilidade. Nós também podemos aprender a celebrar pequeno sucessos, como a decisão de adversários históricos passarem algumas horas juntos em uma mesma sala. Podemos comemorar fugazes atos de coragem e de expressão da fé enquanto acontecem. Podemos comemorar nosso próprio crescimento, quer nas formas dolorosas ou alegres. Nós podemos comemorar o fato de que começamos a fazer esse tipo de trabalho desafiador e importante e que vivemos em um lugar onde as pessoas são livres para expressar as verdades mais profundas e controversas.

A maioria das pessoas que faz o trabalho desafiador de convocação de reuniões de alta intensidade emocional faz isso porque acredita na capacidade de transformação das conversas e dos relacionamentos. A professora em liderança Sherri Cannon descreveu eloquentemente como a celebração alimenta o sentido de missão em auxiliar as pessoas a criar um ponto de transformação nas próprias vidas: "Se eu me afastar de algo mágico rápido demais, vou perdê-lo. Ela não se estabelecerá em minha alma nem me alimentará"[5].

Quando podemos comemorar? Podemos comemorar antes mesmo de a reunião começar. Muitas vezes, quando chego e começo a fazer a prática de me conectar comigo, dedico um tempo para agradecer o fato de estar bem fisicamente e de ser capaz de fazer esse trabalho, do qual eu gosto muito. Podemos comemorar o início próximo da reunião. Uma de minhas colegas sempre traz flores ou algum outro objeto natural para as salas de reunião, como uma forma de celebrar começos, crescimento e o contexto maior da vida que acontece ao mesmo tempo em que a reunião ocorre.

Nós também podemos marcar momentos importantes durante as reuniões. Isso pode ser sutil, como um reconhecimento em silêncio e um sorriso por fazer um bom trabalho. Mas a celebração também pode tomar a forma de gratidão, ao se dizer: "Foi preciso muita coragem para colocar essas questões no papel e identificá-las publicamente".

Certamente, podemos comemorar de maneiras menos comedidas, após as reuniões, sozinhos ou com os participantes, amigos, colegas ou familiares. Sherri Cannon diz: "A celebração do 'depois' para mim permite que aquilo que aconteceu passe a ter um pouco mais de minha atenção. Geralmente essa comemoração acontece quando estou sozinha. Nesse caso, eu anoto esses os momentos, ou conto ao meu marido Roger sobre eles, enquanto caminhamos"[6].

Desenvolva um conjunto de práticas de celebração. Seja criativo, permita-se ser lento e ineficiente sobre a sua celebração. Coloque pessoas em seu mundo profissional e pessoal que compreendam o valor essencial de uma comemoração e deixe que elas sejam "os patronos da celebração", do mesmo modo que minha amiga Sherri faz por mim.

## Restaure-se

Para alguns dos líderes e facilitadores com quem eu falei, uma reunião de alta intensidade emocional é estimulante e energizante. Eles saem dela sentindo-se revigorados e cheios de vida. Para outros, uma reunião pode ser ao mesmo tempo gratificante e extenuante. Quando concluímos períodos intensos de trabalho, precisamos de práticas restauradoras que nos tragam de volta o estado de força e energia plena.

Como na maioria das outras práticas, o desafio aqui não consiste em conhecer o modo de realizar essa prática. O desafio é fazê-la. Enquanto passa os olhos por elas, pergunte-se qual delas poderia fazer a maior diferença em seu trabalho.

### DESCANSO

Negar-se, de forma consciente ou não, um período de descanso é estar no caminho certo em direção às doenças, ao esgotamento ou a ambos. Vivemos em uma cultura que valoriza as realizações, o trabalho incansável e a tomada de decisões. Em nosso esforço para ganhar o sustento e fazer uma diferença positiva no mundo, é muito fácil corrermos de uma reunião para outra. Mas, sem um período de descanso, perdemos nossa capacidade de pensar com clareza e nossa habilidade de nos recuperar dos momentos em que fomos surpreendidos por uma situação de grande intensidade. Em primeiro lugar, o descanso significa dormir. Em segundo lugar, descansar significa ficar longe das exigências mentais do trabalho e perder-se em outros tipos de relacionamentos e de atividades.

O trabalho de muitos de nós exige que se durma fora de casa, muitas vezes em hotéis. Então, dedique certo tempo e certo cuidado para fazer com que seu quarto de hotel seja um paraíso para sua renovação noturna. Escolha um quarto num andar mais silencioso. Desfaça as malas e coloque-as dentro do armário, fora da vista. Tente levar itens como o próprio travesseiro, uma vela perfumada, música conhecida, o chá que costuma tomar antes de deitar. Fique em hotéis onde possa se exercitar, nadar ou fazer caminhadas pela vizinhança.

O descanso importa, e muito. Todos podemos nos lembrar de momentos em que "dormimos" sobre um problema difícil ou ficamos "fora dele" durante certo tempo e o vimos sob nova perspectiva quando voltamos a ele mais tarde. Se o espaço físico que habitamos não estiver descansado, a plenitude dos dons não estará disponível nem para você e nem para o grupo com o qual trabalha. Aqui estão exemplos de práticas restauradoras que podem ser utilizadas pelos mediadores do fogo cruzado.

#### PASSE UM TEMPO COM A ARTE E A NATUREZA

"A música restaura a alma", como diz o ditado. Também o fazem as artes visuais, as peças teatrais e o cinema. Da mesma forma, apreciar a beleza da natureza é um ato de restauração de energias. Esses tipos de práticas nos permitem utilizar os múltiplos sentidos e vivenciar o que representa estar presente – no aqui e agora. Como observou um facilitador durante uma entrevista para este livro: "Quando assisto a uma peça de teatro emocionante ou olho para um céu cheio de estrelas, faço isso através desta pequena janela de meu cantinho no mundo. E consigo perceber, ao mesmo tempo, o quão pequeno e o quão importante eu sou".

Mark Hodge, outro facilitador, passa o tempo no jardim no terraço dele em Nova Delhi, que ele descreve como sendo "uma cidade não necessariamente hospitaleira para cultivar plantas". Mark reflete: "Algumas das lições que aprendo em meu jardim refletem-se diretamente em meu trabalho com os grupos – a paciência, uma visão de longo prazo, a atenção aos detalhes mais sutis do meio ambiente, e uma vontade de sujar as mãos". A arte e a natureza alimentam a alma como nenhuma outra faz e, por causa disso, elas são ferramentas essenciais no processo restaurativo.

### ENVOLVA-SE EM ATIVIDADES FÍSICAS

As práticas físicas descritas por pessoas que entrevistamos incluem atividades como natação, corrida, caminhada, artes marciais, remo, ciclismo, dança e ioga. A principal finalidade dessas atividades é desafiar e envolver o corpo de maneira agradável, enquanto obtém certos benefícios, como flexibilidade, equilíbrio, agilidade, resistência e força. Todos esses benefícios físicos nos auxiliam quando trabalhamos em reuniões longas e muitas vezes exaustivas. Além disso, as atividades físicas constituem uma oportunidade de deixar nossa agitação mental de lado, enquanto nos concentramos no desafio físico. Como descreveu um facilitador: "Posso nadar 30 minutos na noite anterior a uma grande reunião, completamente focado no ritmo de meu esforço, e na hora em que saio da piscina, tenho uma nova visão de como lidar com a reunião". As práticas físicas nos auxiliam a condicionar nosso corpo e nossa mente, tudo para nos tornar mais eficientes como mediadores de fogo cruzado.

### ENVOLVA-SE EM PRÁTICAS CRIATIVAS

Você não precisa ser um Picasso ou Pavarotti para sair em busca de práticas criativas. Elas fornecem um confortável paraíso para o lado mais analítico de nosso trabalho. No espaço da expressão artística, somos capazes de limpar a mente e restaurar a energia. Mas as práticas criativas nos dão mais que um descanso. Elas ampliam a capacidade de experimentar, de brincar com as ideias, de enxergar novos padrões e de assumir riscos.

Assim como nas práticas físicas, podemos nos perder nessas práticas criativas. Nossos entrevistados citaram dezenas de atividades criativas que podem trazer benefícios consistentes e estímulo a nossas vidas. Podem ser: pintura, dança, tocar um instrumento, canto, fazer colagens, culinária, desenho, escultura em pedra, agir de improviso, marcenaria, fotografia e jardinagem.

As práticas criativas nos estimulam a ver as coisas "normais" sob nova perspectiva, porque ativamos a intuição, os sentidos e a emoção em cada nova tarefa. Quando estou na cozinha preparando uma refeição para os amigos, me vejo totalmente consumido por essa atividade. Todos os meus sentidos jogam com as texturas, a temperatura, os aromas e os sabores. Sinto-me desperto e alegre quando cozinho. Mas como isso me faz um melhor facilitador, quando nas reuniões de alta combustão? Quanto mais eu aprender a confiar em minha intuição criativa na cozinha, mais isso se refletirá na sala de reuniões. Cozinhar me ensina a trabalhar com a desordem, a dissonância e as surpresas como recursos bem-vindos, em vez de problemas que precisam ser corrigidos. Quando algo que considero desagradável surge na reunião, aceito isso como um dos ingredientes que podem precisar de um pouco mais de tempo no forno. O mais importante: as práticas criativas nos permitem errar para alcançar novas alturas na imperfeição e na falibilidade e aprender que a falha de hoje tem os conhecimentos necessários para se transformar na obra-prima de amanhã.

## MANTENHA UM CÍRCULO SOCIAL DE APOIO E DE INTIMIDADE

Trabalhamos todos os dias em espaços repletos de pessoas fascinantes e motivadas, mas, de algum modo, nosso trabalho pode parecer extremamente isolado. Precisamos de uma "casa" que consiste de amigos próximos e familiares com quem possamos compartilhar nossas verdades mais difíceis e nossos momentos de maior orgulho. Nossos amigos mais próximos e os familiares nos relembram quem somos. Mais do que ninguém em nossa vida, eles são um espelho franco que reflete quem somos e quem podemos vir a ser. Em nossas reuniões, devemos sempre ficar vigilantes em relação ao nosso propósito. Na companhia dos amigos, podemos descansar no calor do abraço e no prazer da companhia.

## RIA

As pesquisas médicas mostram que os benefícios do riso incluem o fortalecimento do sistema imunológico, reduzindo os níveis dos hormônios do estresse, como a adrenalina, e estimulam as funções dos órgãos. Esses benefícios para a saúde são certamente relevantes para nós, como líderes, mas existem algumas razões menos conhecidas pelas quais o riso auxilia a restabelecer e fortalecer a nossa capacidade de nos mantermos firmes diante de interações sociais mais difíceis[7].

O riso possibilita uma liberação física para as emoções reprimidas e o estresse. Uma boa gargalhada tem efeito purificador. Pode ser uma distração temporária e benéfica de preocupações associadas com o trabalho, permitindo-nos voltar a ele com uma nova perspectiva. O riso pode mudar o estado de espírito, criando uma forma mais leve de se ver as coisas. Ele convoca nosso lado mais lúdico, reforça a capacidade de perceber as coisas a sob múltiplas visões. E o mais importante: o riso tem uma maneira de nos conectar com os outros. A natureza contagiosa do riso muitas vezes alivia o estado de espírito coletivo e melhora a qualidade das interações sociais. Enquanto você desenvolve suas práticas restauradoras, procure formas de provocar o riso em si. Assista filmes e programas de televisão que o façam rir. Passe um tempo com amigos que estimulem o senso de humor. Procure pelo humor na vida cotidiana. Nos momentos particularmente frustrantes ou desafiadores, procure os elementos mais ridículos e irônicos e se pergunte: "Será que rirei quando olhar isso novamente mais tarde?". Desenvolver um olhar mais afiado para o absurdo não só servirá durante os momentos de descanso e renovação, mas também quando você enfrentar os grandes incêndios e situações de alta combustão.

### APRENDA COM OS OUTROS

Se estamos despertos, sempre aprendemos. Dito isso, envolver-nos em uma aprendizagem mais estruturada é muito útil para nos auxiliar a ter novos *insights* e ferramentas valiosas para acessar o conhecimento interior. As maneiras de aprender com os outros incluem a leitura de livros, revistas e *blogs*; ouvir palestras; ir pessoalmente aos *workshops*; passar algum tempo com mentores e em comunidades de prática.

Por outro lado, as pessoas podem gastar muito dinheiro em seminários, vídeos ou livros e não aprender nada. Isso ocorre porque a aprendizagem não é uma atividade ou um evento, mas uma atitude. Precisamos escolher as nossas experiências de aprendizado mais conscientemente e nos engajarmos nelas de coração aberto. No meio do fogo cruzado, o melhor tipo de aprendizado envolve passar a conhecer os nossos padrões de pensamento, sensações físicas e emocionais mais intimamente. A seção de leituras sugeridas na parte final do livro contém referências para esse tipo de aprendizagem continuada.

### FAÇA RETIROS

Muitas pessoas no mundo dos negócios não gostam da palavra *retiro*, pois associam-na à derrota. Eu adoro a ideia de podermos nos retirar de nossas rotinas e responsabilidades, de nos removermos das demandas do nosso trabalho e de nossa vida, para renovar e mudar nossas perspectivas. Também gosto da segunda acepção de *retiro*: um refúgio, um porto seguro em uma tempestade.

Os retiros pessoais podem assumir muitas formas. Diana Ho, uma de minhas mentoras e facilitadora experiente, faz um mês sabático a cada ano, geralmente permanecendo em casa e dividindo seu tempo entre fazer a própria arte, refletindo sobre o passado e fazendo planos para o futuro. Outros passam o tempo com os mentores explorando as perguntas e articulando as próprias aspirações. Um retiro pessoal, por outro lado, tem uma série de características únicas:

**É autofocado.** Como esse tipo de retiro é pessoal, é destinado a manter e focar o crescimento individual, a renovação e a clareza. Mesmo que outras pessoas estejam envolvidas em nosso retiro (um treinador ou um mentor, por exemplo), nós não devemos ser sobrecarregados com a responsabilidade por eles.

**Nos nutrirá.** Qualquer atividade que possa prejudicar a saúde e o bem-estar ou que possa nos empobrecer fisicamente, emocionalmente ou de qualquer outro modo seria contrária ao objetivo de um retiro pessoal.

**Não é uma fuga.** O retiro não é um período de férias. Nas férias, podemos passear e fazer atividades recreativas. Em retiros, nos envolvemos conosco e com nossas perguntas. As perguntas que levamos a um retiro incorporam a intenção ou o propósito dele.

Um retiro pessoal reconhece que somos "instrumentos" de mudança. Como a facilitadora Rachel Bagby observou durante a nossa entrevista: "Eu vou a retiros pessoais porque sou um instrumento, e preciso de tempo para manter a clareza e a qualidade do meu tom"[8]. A clareza e a qualidade do nosso tom é realmente outra maneira de falar sobre a nossa maneira de ser. Nós podemos tocar as notas certas no ritmo previsto, mas a clareza e a qualidade do som é o que dá poder à nossa música. As práticas para reflexão e renovação garantem que ao longo da vida o tom de sua música torne-se cada vez mais claro e mais bonito.

## Fazendo essas práticas funcionarem

Uma das grandes ironias da liderança é que se diz muito sobre a valorização da sustentabilidade e da aprendizagem, mas nossas práticas pessoais nem sempre refletem esse valor. Essa desconexão entre o que dizemos valorizar e como vivemos nos obriga a examinar se lideramos com integridade. Tal como acontece com as práticas que visam preparar, *ser* alguém que exercita as práticas específicas para reflexão e renovação é diferente de falar sobre isso. Não há fingimento. As pessoas percebem a diferença em questão de minutos.

Antes de entrar em uma reunião desafiadora, tenha um plano em mente para a reflexão e a renovação. O que você fará para deixar essa reunião para trás quando terminar? Como você colherá as lições que deve levar consigo? O que você fará para comemorar? Como você se restabelecerá física, mental e emocionalmente após a reunião? Comece por experimentar com as práticas que se encaixem em seu estilo de vida, mas se você acreditar que sua rotina atual não permitirá dedicar um tempo para reflexão e renovação, é melhor considerar seriamente algumas mudanças em sua vida, a fim de arrumar espaço para essas práticas. Elas são fundamentais não só no seu trabalho mas também para uma vida longa e gratificante.

> O trabalho de mediar o fogo cruzado pode ser cansativo e desafiador. Precisamos de práticas que promovam o nosso aprendizado contínuo e a nossa renovação. Caso contrário, nós nos tornamos vulneráveis e podemos repetir padrões ineficazes, que nos queimarão. Apesar de vivermos em uma cultura que nem sempre incentive o tempo ocioso e a celebração, as práticas de reflexão e de renovação devem tornar-se algo tão normal em nossas vidas quanto escovar os dentes, e tão essenciais como respirar. Por meio dessas

práticas nos tornamos mais sábios, mais fortes e lideramos com mais clareza. Elas promovem o crescimento contínuo e asseguram um rejuvenescimento para que possamos continuar a ser portadores da sabedoria e catalisadores positivos das mudanças.

## PERGUNTAS PARA REFLEXÃO

- Como você sabe quando tem necessidade de renovação? Quais são os sinais de que você precisa descansar e recarregar suas energias?

- Quais são as práticas correntes que você utiliza para refletir sobre suas experiências e colher as lições aprendidas após as reuniões?

- Como você comemora, no seu trabalho e em sua vida? Onde estão as oportunidades para comemorar de modo mais consciente?

- Quais são as práticas correntes que você realiza para se renovar física, emocional, mental e espiritualmente? Qual delas parece ter o maior benefício?

- Qual das práticas descritas neste capítulo poderia lhe oferecer mais benefícios em termos de sustentar sua aprendizagem, crescimento e bem-estar?

## CONCLUSÃO
# Entre no círculo de fogo cruzado

Os mediadores do fogo cruzado são motivados pela possibilidade de cada conversa convocada catalisar algumas pequenas ou grandes mudanças em um mundo que clama por soluções inovadoras e colaborativas. Mas não podemos ser verdadeiros administradores da participação se estivermos equipados apenas com o *quê* do conhecimento. Não podemos ser catalisadores da inovação, da transformação e da cura se armados unicamente com o *como* dos métodos de grupo. Precisamos aprender a ser fontes de calma, clareza e coragem diante da paixão do grupo, do conflito, da confusão e do desespero. Precisamos ser intencionais sobre *quem* somos e em quem nos tornamos.

Toda vez que estamos no meio fogo cruzado e nos encontramos com nosso ego, nossas maneiras habituais de ver as coisas e com nossos gatilhos emocionais, ele se torna um novo caminho, nessa odisseia de nos transformar. Recentemente, enquanto facilitava um *workshop* para a Associação Internacional de Facilitadores, tive alguma dificuldade em chamar as pessoas de volta depois de um intervalo. Geralmente eu carrego um pequeno sino comigo, mas naquele dia o esqueci no quarto do hotel e minha voz não estava muito boa. Ergui a mão, fiz alguns anúncios em voz alta, até apaguei as luzes na tentativa de pressionar os 50 participantes. Foi tudo em vão.

As pessoas pareciam animadas e absorvidas pelas conversas em pequenos grupos e claramente não queriam terminar aquela sessão extra. Pensei: "Ou eles não repararam em mim ou me ignoram". Fiquei no meio da sala, observando como eu parecia invisível em meu próprio *workshop*. Eu era o perito a que eles vieram assistir, e perceberam que os conhecimentos mais profundos do dia viriam uns dos outros.

Aquele foi um momento de escolha. Comecei a sorrir e, em seguida, a rir. Eu sorria para o dom do entusiasmo daquelas pessoas. Eu ria de mim mesmo – do modo como o meu poder pessoal e minhas limitações poderiam coexistir no mesmo momento, e do fato de não ter ideia do que fazer em seguida. Senti-me relaxado sabendo que o que eu *fiz* importava muito menos do que *quem* aparecia.

Ser um mediador do fogo cruzado é saber que escolhe a pessoa que é a cada momento. Você escolhe se permanecerá ou se dançará com o Trapaceiro. Você escolhe se quer ficar com a segurança ou com a curiosidade. Você escolhe se colocará sua atenção no "então e lá" ou no "aqui e agora." Você escolhe agir com autodefesa ou a serviço de alguém. Mediar o fogo cruzado é uma viagem a cada momento pela consciência e pela escolha. Você pode ser um mediador do fogo cruzado enquanto enfrenta os desafios da vida cotidiana tão facilmente quanto enfrenta o fogo cruzado das reuniões mais acaloradas. Tudo na vida é o campo de prática.

Enquanto você embarca em sua própria viagem de descoberta interior, desejo-lhe o tipo de riso que lhe embasará na humildade e no tipo de clareza que o incentiva a buscar mais integridade e autenticidade. Eu o incentivo a ser gentil consigo quando o aprendizado for doloroso. Convido-o a entrar neste círculo, com outros mediadores do fogo cruzado, sabendo que você é parte de uma grande comunidade de pacificadores e catalisadores de mudança. Entre no círculo de fogo cruzado sentindo o peso de sua imensa incerteza e temor pela tarefa que tem nas mãos. E deixe o seu riso ser um companheiro, sussurrando em seu ouvido e lembrando sempre que o trabalho de conduzir as pessoas é um esforço profundamente humano.

# NOTAS

## INTRODUÇÃO
1. PALMER, Parker. *A Hidden Wholeness*. Jossey-Bass, 2004. p. 47.

## CAPÍTULO 1
1. LANGER, Ellen. *Mindfulness*. Perseus Books, 1989.
2. JOHNSON, Steven. *De cabeça aberta*. Jorge Zahar, 2008.
3. LEARY, Mark R. *The Curse of Self*. Oxford University Press, 2004. p. 76.
4. Ibid.
5. CORRIGAN, Chris. Entrevista por telefone a Erica Peng, janeiro de 2009.
6. CHÖDRÖN, Pema. *Quando tudo se desfaz*. Gryphus, 2005.

## CAPÍTULO 2
1. WARREN, Georgia. Humans Drive Biggest Mass Extinction since Dinosaur. Sunday *Times*, 26 de outubro de 2008. Disponível em http://www.timesonline.co.uk/tol/news/environmentarticle 5014714.ece. Acesso em 26 de maio de 2009.
2. GOLEMAN, Daniel. *Social Intelligence*. Arrow Books, 2007. p. 275.
3. Ibid.
4. HUGHES, Marianne. Entrevista por telefone ao autor, fevereiro de 2009.
5. FRIEDMAN, Edwin. *A Failure of Nerve*. Seabury Book, 2007. p. 183.
6. WILLIAMSON, Marianne. *Um retorno ao amor*. Novo Paradigma, 2022.

CAPÍTULO 3
1. ECKMAN, Paul. *Emotions Revealed*. Times Books, 2003. Capítulo 2.
2. Ibid.
3. Ibid., p. 39.
4. BLOCK, Peter. *The Answer to How is Yes*. Berrett-Koehler Publishers, 2003. p. 4.
5. HECKLER, Richard Strozzi. *The Anatomy of Change*. North Atlantic Books, 1993. p. 16.

CAPÍTULO 4
1. Consultor. Entrevista telefônica ao autor em janeiro de 2009. Esse consultor pediu anonimato.
2. LEHRHAUPT, Linda Myoki. *Tai Chi as a Path to Wisdom*. Shambhala Publications, 2001. p. 5.
3. TOLLE, Eckhart. *O poder do agora*. Sextante, 2002.
4. HEIDER, John. *The Tao of Leadership*. Bantam Books, 1986.

CAPÍTULO 5
1. POSTMAN, Neil. *O fim da educação*. Graphia, 2002.
2. SENGE, Peter. *The Fifth Discipline*. Currency-Doubleday Publishing, 1990. p. 142.
3. PALMER, Parker. The broken-open heart: living with faith and hope in the tragic gap. *Weavings*, março-abril 2009.
4. SCHARMER, C. Otto. *Theory U*. Berrett-Koehler Publishers, 2009. p. 42.
5. HUGHES, Marianne. Entrevista por telefone ao autor, fevereiro de 2009.

CAPÍTULO 6
1. PALMER, Parker. *Let your Life Speak*. Jossey-Bass Publishers, 2000. p. 4.
2. GREENLEAF, Robert. *Servant leadership*. Robert K. Greenleaf Center, 1977.

CAPÍTULO 7
1. Consultor. Entrevista telefônica ao autor em janeiro de 2009. Esse consultor pediu anonimato.

2. OWEN, Harrison. *Wave Rider*. Berrett-Koehler Publishers, 2008. p. 1.

3. Consultor. Entrevista telefônica ao autor em janeiro de 2009. Esse consultor pediu anonimato.

4. CASHMAN, Kevin. *Leadership from the Inside Out*. Executive Excellence Publishing, 1998. p. 80.

5. WHEATLEY, Margaret; KELLNER-ROGERS, Myron. *Um caminho mais simples*. Cultrix, 1998.

## CAPÍTULO 8

1. MORINIS, Alan. *Everyday Holiness*. Trumpeter Books, 2007. p. 75.
2. SCOTT, Susan. *Fierce Conversations*. Berkley Publishing Group, 2002.
3. JONES, Mark. Entrevista por telefone a Erica Peng, janeiro de 2009.
4. SIBBETT, David. Entrevista por telefone a Erica Peng, janeiro de 2009.
5. PERCZEK, David. Entrevista por telefone ao autor, janeiro de 2009.
6. LEWIS, Myrna. Entrevista por telefone ao autor, janeiro de 2009.

## CAPÍTULO 9

1. CASTLE, Victoria. *The Trance of Scarcity*. Berrett-Koehler Publishers, 2007. p. 76.
2. PALMER, Parker. *A Hidden Wholeness*. Jossey-Bass, 2009.
3. ROBBINS, Diane. Entrevista por telefone a Erica Peng, janeiro de 2009.
4. CHÖDRÖN, Pema. *Quando tudo se desfaz*. Gryphus, 2005.
5. HOLMAN, Peggy. Entrevista por telefone a Erica Peng, janeiro de 2009.

## CAPÍTULO 10

1. GRANT, Chris. Entrevista por telefone a Erica Peng, janeiro de 2009.
2. URY, William. Entrevista ao autor, agosto de 2009.
3. BRIGGS, Beatrice. Entrevista por telefone a Erica Peng, janeiro de 2009.
4. CANNON, Sherri. Entrevista ao autor, janeiro de 2009.
5. SCHWARZ, Roger. Entrevista por telefone ao autor, janeiro de 2009.
6. GASS, Robert. Entrevista ao autor, junho de 2009.

## CAPÍTULO 11

1. GASS, Robert. Entrevista ao autor, junho de 2009.

2. Um agradecimento especial a Robert Gass por sugerir a expressão "mudança de estado" para definir esse conjunto de práticas. Robert Gass utiliza-a há 30 anos, com casais e líderes. Robert foi entrevistado na casa dele, no Colorado, enquanto fazíamos as pesquisas para este livro.

3. PALMER, Wendy. *The Intuitive Body*. Blue Snake Books, 2008. p. 33.

4. Ibid.

5. BROTHERS, Chalmers. *Language and the Pursuit of Happiness*. New Possibilities Press, 2005. p. 141.

6. WATZLAWICK, Paul. *The Language of Change*. W.W. Norton, 1978.

7. PALMER, Wendy. *The Intuitive Body*. Blue Snake Books, 2008. p. 190.

## CAPÍTULO 12

1. OWEN, Harrison. *Open Space Technology*. Berrett-Koehler Publishers, 1997. p. 95.

2. CORRIGAN, Chris. Entrevista por telefone a Erica Peng, janeiro de 2009.

3. HASSAN, Zaid. Entrevista por telefone com o autor, janeiro de 2009.

4. ALLIONE, Tsultrim. *Feeding your Demons*. Little Brown, 2008.

5. CANNON, Sherri. Entrevista com o autor, janeiro de 2009.

6. Ibid.

7. SCOTT, Elizabeth. The Many Benefits of Laughter. About.com, 24 de janeiro de 2008. Disponível em http://stress.about.com/b/2008/01/24/themany-benefits-of-laughter.htm. Acesso em 2 de abril de 2009.

8. BAGBY, Rachel. Entrevista por telefone a Erica Peng, janeiro de 2009.

# SUGESTÕES DE LEITURA

### COM AUTOCONSCIÊNCIA

ARGYRIS, Chris. *Enfrentando defesas empresariais.* Campus, 1992.
BROTHERS, Chalmers. *Language and the Pursuit of Happiness.* New Possibilities Press, 2005.
LEARY, Mark R. *The Curse of Self.* Oxford University Press, 2004.

### AQUI E AGORA

HANH, Thich Nhat. *Os cinco treinamentos para a mente aberta.* Vozes, 2004.
TOLLE, Eckhart. *O poder do agora.* Sextante, 2002.

### COM A MENTE ABERTA

ARBINGER INSTITUTE. *Leadership and Self-Deception.* Berrett-Koehler Publishers, 2002.
GROSS, Ronald. *À maneira de Sócrates.* Best Seller, 2005.
LANGER, Ellen. *Mindfulness.* Perseus Books, 1989.
SUZUKI, Shunryu. *Zen Mind, Beginner's Mind.* Shambhala Publications, 2004.

## SABER O QUE VOCÊ REPRESENTA

BLOCK, Peter. *The Answer to How is Yes*. Berrett-Koehler Publishers, 2003. p. 4.
DYER, Wayne. *A força da intenção*. Nova Era, 2006.
GREENLEAF, Robert, *Servant Leadership*. Robert K. Greenleaf Center, 1977.
PARKER, PALMER. *Let your Life Speak*. Jossey-Bass, 1999.

## ADAPTAR-SE ÀS SURPRESAS

CHÖDRÖN, Pema. *Quando tudo se desfaz*. Gryphus, 2005.
OWEN, Harrison. *Wave Rider*. Berrett-Koehler Publishers, 2008.

WHEATLEY, Margaret J. *Liderança e a nova ciência*. Cultrix, 1999.

## COM COMPAIXÃO

BOYATZIS, Richard; MCKEE, Annie. *Resonant Leadership*. Harvard Business School Press, 2005.
CHÖDRÖN, Pema. *Quando tudo se desfaz*. Gryphus, 2005.
MERTON, Thomas. *Gandhi on Non-Violence*. New Directions, 1965.

## MUITAS FORMAS DE PERMANECER

ARRIEN, Angeles. *O caminho quádruplo*. Ágora Editora, 1998.
MINDELL, Arnold. *The Leader as Martial Artist*. Harper Publishing, 1992.
SCOTT, Susan. *Fierce Conversations*. Berkley Publishing Group, 2002.
URY, William. *Chegando à paz*. Campus, 2000.

## PRÁTICAS INTERIORES

ALLIONE, Tsultrim. *Feeding your Demons*. Little Brown, 2008.
CAMERON, Julia. *The Srtist's Way*. Penguin Putnam, 2002.
CASTLE, Victoria. *The Trance of Scarcity*. Berrett-Koehler Publishers, 2006.
FROST, Peter J. *Emoções tóxicas no trabalho*. Futura, 2003.
LEIDER, Richard. *O poder do propósito*. Mercuryo, 2000.
HANH, Thich Nhat. *Serenando a mente*. Vozes, 2007
KABAT-ZINN, Jon. *Wherever You Go, There You Are*. Hyperion, 1995.
KATIE, Byron. *Ame a realidade*. Best Seller, 2009.
MACY, Joanna; BROWN, Molly Young. *Coming back to life*. New Society Publishers, 1998.
PALMER, Parker. *A Hidden Wholeness*. Jossey-Bass, 2004. p. 47.
PALMER, Wendy. *The Intuitive Body*. Blue Snake Books, 2008. p. 33.
SILSBEE, Doug. *Presence-Based coaching*. Jossey-Bass, 2008.

## CAPACIDADES PARA FACILITAÇÃO DE GRUPOS

DOYLE, Michael; STRAUSS, David. *Reuniões podem funcionar*. Summus, 1978.
DRESSLER, Larry. *Consensus Through Conversation*. Berrett-Koehler Publishers, 2006.
HUNTER, Dale; BAILEY, Anne; TAYLOR, Bill. *The Zen of Groups*. Fischer Books, 1995.
KANER, Sam; LIND, Lenny; TOLDI, Catherine. *Facilitator's Guide to Participatory Decision-Making*. Jossey-Bass, 2007.
SCHWARZ, Roger. *The Skilled Facilitator*. Jossey-Bass, 2002.
WEISBORD, Marvin; JANOFF, Sandra. *Don't Just Do Something, Stand There*. Berrett-Koehler Publishers, 2007.

## RECURSOS DA INTERNET

Os recursos *online* a seguir estão disponíveis no *site* do autor (http://www.larrydressler.com/):

- *Ferramentas de apoio ao aprendizado como mediadores do fogo cruzado para download*
- *Links* para *sites* que oferecem *workshops* focados no desenvolvimento interior
- *Links* para *sites* que oferecem práticas e ferramentas de suporte para as seis maneiras de ficar no meio do fogo cruzado
- Lista atualizada de leitura recomendada de outros autores
- Acesso ao *blog* de Larry Dressler e artigos para *download*

# AGRADECIMENTOS

Este livro nasceu das conversas que tenho comigo há 45 anos. E continuaria apenas isso se não fosse por Johanna Vondeling, da Berrett-Koehler Publishers, uma amiga, uma conselheira criativa e uma carinhosa administradora de meus esforços para escrever. A maioria das histórias e das opiniões contidas neste livro vieram de entrevistas com líderes e facilitadores, que moram nos cinco continentes e que dedicaram a própria vida a melhorar o mundo por meio de conversas que realmente importam. Sinto-me orgulhoso por poder chamá-los de colegas e amigos, e sou profundamente grato por sua sabedoria e generosidade. São eles: Margo Adair, Rachel Bagby, Ingrid Bens, Tree Bressen, Beatrice Briggs, Mary Campbell, Sherri Cannon, Chris Corrigan, Saul Eisen, Caitlin Frost, Robert Gass, Mary Margaret Golten, Chris Grant, Sono Hashisaki, Zaid Hassan, Diana Ho, Mark Hodge, David Hoffman, Peggy Holman, Marianne Hughes, Mark Jones, Dave Joseph, Adam Kahane, Stewart Levine, Myrna Lewis, Kenoli Oleari, Ruben Perczek, Diane Robbins, Gibran Rivera, Roger Schwarz, Sandy Schuman, James Shaw, David Sibbett, Doug Silsbee, Molly Tayer, Sera Thompson, William Ury, Sidney Wasserman, e Margaret Wheatley.

Um agradecimento especial vai para Peggy Holman, por sugerir o termo "mediador do fogo cruzado" durante nossa conversa telefônica. Sou grato também a Robert Gass por sugerir a expressão "mudança de estado" para descrever o que podemos fazer por nós quando nossos gatilhos são acionados.

Sou bastante grato a Erica Peng, que conduziu boa parte das entrevistas com maestria e serviu como uma parceira inestimável durante o processo de escrita do manuscrito. O livro ficou melhor e minha vida, mais rica por trabalhar de forma tão próxima de Erica durante o ano que passou.

Obrigado a todos ainda que revisaram os rascunhos, colocando uma luz nas passagens mais obscuras e dando sugestões – Andrea Chilcote, Chris Corrigan, Sam Elmore, Sharon Goldinger, Sharon Kipersztok, Karen Seriguchi e Maren Showkeir.

Finalmente, para minha esposa Linda Smith, que conhece minha verdadeira voz como ninguém mais e que me ajudou a escrever utilizando essa voz. *Gracias, mi amor.*